靈山齋・各拜齋儀範

영산재・각배재의범

靈山齋・各拜齋儀範
영산재 각배재의범

편찬 海沙

운주사

# 일러두기

一。 본서는 영산재와 각배재를 위주로 편찬하였으며, 여법한 의식진행과 설행을 위해 여러 의식문을 살펴보고 참고하여 적합성을 살펴 증보(增補)하였다. 참고문헌은 ① 지선(智禪) 편 『오종범음집』(1661년) 소수 「거령산작법절차」, ③ 지환(智還) 편 『천지명양수륙재의범음산보집』(1721년) 소수 「영산작법절차」・「대례왕공양문」, ④ 『자기산보문』(1724년) 소수 「차청시왕의문」, ⑤ 백파긍선(白坡亘璇) 편 『작법귀감』(1860년) 소수 「약례왕공문」・「시왕각청」・「삼단합송규」, ⑥ 정행(井幸) 편 『승가일용식시묵언작법』(1882년) 소수 「영산작법절차」・「대례왕공양문」, ⑦ 『요집』(1) 소수 「영산작법절차」・「각배청」・「식당작법절차」, ⑧ 『석문의범』(1935년) 소수 「영산작법」・「각배」・「식당작법」, ⑪ 심상현 편 『영산작법』(2019년) 등이다.

一。 대부분의 점안의식은 신중작법을 거행한 후 진행된다. 이러한 절차를 감안하여 본 의식집에서는 신중작법 후 조전점안 의식문을 수록하였다. 그러나 두 의식의 차서는 재의식의 설행방법에 따라 순서를 달리 할 수 있다. 더불어 신중작법 시 재의 규모나 형편에 맞게 「삼십구위」와 「일백사위」를 활용할 수 있도록 의식문을 함께 수록하였다.

一。 조전점안(造錢點眼) 시 사용되는 진언은 『예수재찬요』를 비롯하여 『영산대회작법절차』, 『오종범음집』, 『석문의범』 등을 비교해 보았으나, 약간의 차이를 보인다. 그러므로 본서에서는 그중 일치하는 진언을 위주로 채택하였음을 밝힌다.

一. 이운의식 중 「금은전이운」과 「경함이운」, 「금은전·경함이운」 등을 수록한 것은 설행의식에 맞게 의식문을 참고하기 위함이다. 즉, 조전점안 만을 거행한 경우라면 「금은전이운」을 거행하고, 경전을 이운하는 경우라면 「경함이운」을 거행하면 된다. 또한 예수재 의식에서 경전과 금은전을 함께 이운하다보니 의식 진행의 편의성을 고려해 두 이운의식을 합본하여 사용하는 「금은전·경함이운」도 수록하였다. 설행방법에 따라 참고하기를 바란다.

一. 영산재 의식문은 영산재 설행을 위한 의식문으로 편집하였다. 간혹 영산재와 각배재를 연결하여 거행하는 경우 [영산각배재 형태]도 있으나, 본 의식에 집중하여 편집하였음을 밝힌다.

一. 영산재와 각배재 의식 진행의 구성을 쉽게 이해할 수 있도록 의식문 사이에 엄젓의 의식 [차탄과 귀의、결계]·소청의식·헌좌안위·가지변공 등 소제목을 첨가하였다. 또한 영산재 의식문 중 원차향화변법계~동입무생증불지까지의 게송면을 향화게라고 알고 있으나、『제반문』에서는 본 게송면을 운심게(運心偈)라 하고、시제중등~법계삼보의 게송면을 향화게라고 수록하였으며、『오종범음집』에서도 향화운심게(香花運心偈)와 향화게로 수록되어 있다. 본서에서는 전거자료의 타당성을 고려하여 게송면을 수록하였음을 밝힌다.

一. 영산재 시 설행되는 식당작법은 스님들의 공양의식으로、보통은 점심공양 시에 거행된다. 그러나 영산재의 규모나 설행시간에 따라 식당작법은 생략될 수도 있으며、공양시간마다 거행할 수도 있어 편의상 영산재의문 마지막 부분에 수록하였다. 상황에 맞게 의식문을 활용하면 될 것으로 보인다.

一. 영산재의 시식은 관음시식(觀音施食)과 전시식(奠施食) 모두 설행할 수 있다. 예를 들어 49재 같은 특정 영가를 청하여 대령·관욕을 마친 후 법당에 안좌한 경우에는 상단시식인 관음시식을 거행하고, 법당에 들어오지 못한 영가, 즉 도량에 운집한 유주무주 고혼을 위해서는 법당 밖에서 병풍을 치고 전시식을 거행했다고 한다. 그러나 현행 의식에서는 약례화하여 한 종의 시식만을 취하여 거행하는 추세이다. 본 의식문은 이와 같은 연유로 관음시식과 전시식 모두 영산재 시식편에 수록하였음을 밝힌다.

一. 각배재는 재의 규모나 시간에 따라 대례청 [대례왕공문]과 약례청 [약례왕공문]으로 설행할 수 있다. 본서에서는 의식 진행의 편리성을 고려해 대례청과 약례청을 분류하여 각각 수록하였다. 또한 상단과 중단공양의식을 마치고 나면 시식을 거행한다. 현행 의식에서는 주로 관음시식을 거행하나, 『제반문』과 『요집』(2)에서는 「왕공시식(王供施食)」이라는 의식문이 수록되어 있다. 의식문의 내용을 살펴보면 「관음시식」과 약간의 차이를 보일 뿐 대체로 비슷하다. 본 의식집에서는 두 의식문을 참조하여 왕공시식문을 수록하였다.

一. 「설주이운」·「화엄시식」 등은 영산재나 각배재 시 필요에 따라 활용할 수 있도록 첨부하였다.

一. 본문 사이에 작은글씨체 괄호( )의 주(註)는 참고문헌에 수록된 내용이며, 참고표시(※)의 내용은 원활한 의식 진행을 위해 편자(編者)가 참고사항을 적은 것이다.

# 차례

# ● 시련(侍輦)

## 옹호게(擁護偈)

봉청시방제현성　奉請十方諸賢聖

범왕제석사천왕　梵王帝釋四天王

가람팔부신기중　伽藍八部神祇衆

불사자비원강림　不捨慈悲願降臨

## 헌좌게(獻座偈)

아금경설보엄좌　我今敬設寶嚴座

봉헌일체성현전　奉獻一切聖賢前

원멸진로망상심　願滅塵勞妄想心

속원해탈보리과　速圓解脫菩提果

## 헌좌진언　獻座眞言

옴 가마라 승하 사바하 (三遍)

## 다게(茶偈)

금장감로다　今將甘露茶

봉헌성현전　奉獻聖賢前

감찰건간심　鑑察虔懇心

원수애납수　願垂哀納受

원수애납수　願垂哀納受

원수자비애납수　願垂慈悲哀納受

## 행보게(行步偈)

이행천리만허공 移行千里滿虛空

귀도정망도정방 歸道情忘到淨邦

삼업투성삼보례 三業投誠三寶禮

성범동회법왕궁 聖凡同會法王宮

※ 짓소리로 인성이를 지으며 본당으로 향한다.

산화락 (三說)
散花落

나무대성인로왕보살마하살 (三說)
南無大聖引路王菩薩摩訶薩

※ 도량에 당도하여 영축게를 거행한 후 기경작법(起經作法)을 거행한다.

영축게 (靈鷲偈)

영축염화시상기
靈鷲拈華示上機

궁동부목접맹귀
肯同浮木接盲龜

음광불시미미소
飮光不是微微笑

무한청풍부여수
無限淸風付與誰

보례삼보 (普禮三寶)

보례시방상주불
普禮十方常住佛

보례시방상주법
普禮十方常住法

보례시방상주승
普禮十方常住僧

14

# ◉ 재대령(齋對靈)

## 거불(擧佛)

나무 극락도사 아미타불
南無 極樂導師 阿彌陀佛

나무 좌우보처 양대보살
南無 左右補處 兩大菩薩

나무 접인망령 인로왕보살
南無 接引亡靈 引路王菩薩

※ 대령소는 병법사문이 읽으며, 봉독 후 소(疏)를 소통(疏桶)에 넣어 영단에 놓는다.

## 고혼소(孤魂疏、一名 對靈疏)

(피봉식) 소청문소 배헌삼대가친등중
(皮封式) 召請文疏 拜獻三代家親等衆

석가여래 유교제자 봉행가지 병법사문 모 근봉
釋迦如來 遺教弟子 奉行加持 秉法沙門 某 謹封

수설대회소
修設大會所

개문

蓋聞

생사로암 빙 불촉이가명 고해파심 장 법선이가도 사생육도 미진즉 사의

生死路暗 憑佛燭而可明 苦海波深 仗法船而可渡 四生六道 迷眞則 似蟻

순환 팔난삼도 자정즉 여잠처견 상차생사 종고지금 미오심원 나능면의 비빙

巡環 八難三途 恣情則 如蠶處繭 傷嗟生死 從古至今 未悟心源 那能免矣 非憑

불력 난가초승 사바세계 모처 모산하 모사 청정수월도량 금차지극지정성 대

佛力 難可超昇 婆婆世界 某處 某山下 某寺 清淨水月道場 今此至極至精誠 對

령천혼재자 모처거주 모인복위 소천영가 금즉 천풍숙정 백일명명(야루침

靈薦魂齋者 某處居住 某人伏爲 所薦 某人靈駕 今則 天風肅靜 白日明明(夜漏沈

침) 전열향화 이신영청 나무일심봉청 대성인로왕보살마하살 우복이 일령불매

沈) 專列香花 以伸迎請 南無一心奉請 大聖引路王菩薩摩訶薩 右伏以 一靈不昧

팔식분명 귀계도량 영첨공덕 진원숙채 응념돈소 정각보리 수심변증 근소

八識分明 歸屆道場 領霑功德 陳寃宿債 應念頓消 正覺菩提 隨心便證 謹疏

불기 모년 모월 모일 병법사문 모 근소

佛紀 某年 某月 某日 秉法沙門 某 謹疏

지옥게(地獄偈)

철위산간옥초산 화탕노탄검수도 팔만사천지옥문 장비주력금일개

鐵圍山間沃焦山 鑊湯爐炭劍樹刀 八萬四千地獄門 仗秘呪力今日開

창혼(唱魂)

16

거 사바세계 남섬부주 동양 대한민국 모처 모산하 모사 청정수월도량 금차
據 裟婆世界 南贍部洲 東洋 大韓民國 某處 某山下 某寺 清淨水月道場 今此

지극지정성 ○○재시 대령재자 모처거주 모인복위 소천 모인영가 「재설·삼설」
至極至精誠 ○○齋時 對靈齋者 某處居住 某人伏爲 所薦 某人靈駕 「再說。三說」

재당 ○○재 지신 모인영가복위 위주 상세선망부모 다생사장 오족육친 원근친척
齋堂 ○○齋 至信 某人靈駕伏爲 爲主 上世先亡父母 多生師長 五族六親 遠近親戚

제형숙백 자매질손 일체친속등 각열위영가 내지 철위산간 오무간지옥 일일일
弟兄叔伯 姉妹姪孫 一切親屬等 各列位靈駕 乃至 鐵圍山間 五無間地獄 一日一

야 만사만생 만반고통 수고함령등중 각각위영가 겸급법계 사생칠취 삼도팔난
夜 萬死萬生 萬般苦痛 受苦含靈等衆 各列位靈駕 兼及法界 四生七趣 三途八難

사은삼유 일체유식 함령등중 각열위영가 차도량내외 동상동하 유주무주 침혼
四恩三有 一切有識 含靈等衆 各列位靈駕 此道場內外 洞上洞下 有主無主 沈魂

체백 일체애혼불자등 각각열위열명영가
滯魄 一切哀魂佛子等 各各列位列名靈駕

착어(着語)

생본무생 멸본무멸 생멸본허 실상상주 영가 환회득 무생멸저 일구마 (양구)
生本無生 滅本無滅 生滅本虛 實相常住 靈駕 還會得 無生滅低 一句麼 (良久)

부앙은현현 시청명력력 약야회득 돈증법신 영멸기허 기혹미연 승불신력 장법
俯仰隱玄玄 視聽明歷歷 若也會得 頓證法身 永滅飢虛 其或未然 承佛神力 仗法

가지 加持
부차향단 수아묘공 증오무생
赴此香壇 受我妙供 證悟無生

※양구(良久)는 「조금 있다가」라는 의미로, 증명법사는 이때 요령을 세 번 흔들거나 금강저를 세 번 들었다 놓거나, 주장자를 바닥에 세 번 치는 등의 방법으로 영가에게 본래면목을 일깨워 준다.

진령게(振鈴偈)

이차진령신소청 금일영가보문지 원승삼보력가지 금일(야)금시내부회
以此振鈴伸召請 今日靈駕普聞知 願承三寶力加持 今日(夜)今時來赴會

보소청진언
普召請眞言

나무 보보제리 가리다리 다타 아다야 (三遍)

소청인(召請印) 두 손의 두지、중지、무명지、소지 중 오른손이 왼손바닥 안으로 서로 깍지를 껴서 서로 갈고리처럼 걸듯이 바싹 쥐고 두 대지[엄지]는 폈다가 위에서 아래로 내린다.

고혼청(孤魂請)

일심봉청 인연취산 금고여연 허철광대 영통왕래 자재무애 금차 지극지정성
一心奉請 因緣聚散 今古如然 虛徹廣大 靈通往來 自在無碍 今此 至極之精誠

천혼재자(薦魂齋者) 모인복위(某人伏爲) 소천(所薦) 모인영가(某人靈駕) 승불신력(承佛神力) 장법가지(仗法加持) 내예향단(來詣香壇) 수첩법공(受霑法供)

고혼청(孤魂請)

일심봉청(一心奉請) 실상이명(實相離名) 법신무적(法身無跡) 종연은현(從緣隱現) 약경상지유무(若鏡像之有無) 수업승침(隨業昇沈) 여정륜지고하(如井輪之高下) 묘변막측(妙變莫測) 환래하란(幻來何難) 금차(今此) 지극지정성(至極之精誠) 대령천혼재자(對靈薦魂齋者) 모인복위(某人伏爲) 소천(所薦) 모인영가(某人靈駕) 승불신력(承佛神力) 장법가지(仗法加持) 내예향단(來詣香壇) 수첩향공(受霑香供)

고혼청(孤魂請)

일심봉청(一心奉請) 생종하처래(生從何處來) 사향하처거(死向何處去) 생야일편부운기(生也一片浮雲起) 사야일편부운멸(死也一片浮雲滅) 부운자체본(浮雲自體本) 무실(無實) 생사거래역여연(生死去來亦如然) 독유일물상독로(獨有一物常獨露) 담연불수어생사(湛然不隨於生死) 금차(今此) 지극지정성(至極之精誠) 천혼(薦魂) 재자(齋者) 모인영가(某人靈駕) 재당(齋堂)○○재(齋) 지신(至信) 모인영가복위(某人靈駕伏爲) 위주(爲主) 상세선망부(上世先亡父) 모(母) 다생사장(多生師長) 오족육친(五族六親) 원근친척(遠近親戚) 제형숙백(弟兄叔伯) 자매질손(姉妹姪孫) 일체친속등(一切親屬等) 각열위영가(各列位靈駕)

내지 乃至

철위산간 鐵圍山間 오무간지옥 五無間地獄 일일일야 一日一夜 만사만생 萬死萬生 만반고통 萬般苦痛 수고함령등중 受苦含靈等衆 각열위 各列位

영가 靈駕 겸급법계 兼及法界 사생칠취 四生七趣 삼도팔난 三途八難 사은삼유 四恩三有 일체유식 一切有識 함령등중 含靈等衆 각열위영가 各列位靈駕

차도량내외 此道場內外 동상동하 洞上洞下 유주무주 有主無主 침혼체백 沈魂滯魄 일체애혼불자등 一切哀魂佛子等 각각열위열명영가 各各列位列名靈駕

승불신력 承佛神力 장법가지 仗法加持 내예향단 來詣香壇 수첨향등다미공 受霑香燈茶米供

**향연청** (三說)
香烟請

**가영(歌詠)**

제령한진치신망 諸靈限盡致身亡
석화광음몽일장 石火光陰夢一場
삼혼묘묘귀하처 三魂杳杳歸何處
칠백망망거원향 七魄茫茫去遠鄉

모인영가 某人靈駕 기수건청 旣受虔請 이강향단 已降香壇 방사제연 放捨諸緣 부흠사전 俯欽斯奠

모인영가 일주청향 정시영가 본래면목 수점명등 정시영가 착안시절 선헌조주

某人靈駕 一炷清香 正是靈駕 本來面目 數點明燈 正是靈駕 着眼時節 先獻趙州

다 후진향적찬 어차물물 환착안마 (양구) 저두앙면무장처 운재청천수재병

茶 後進香積饌 於此物物 還着眼麽 (良久) 低頭仰面無藏處 雲在青天水在瓶

※관욕을 하지 않을 경우에는 다음의 게송을 한 후 바로 지단진언(⇨p. 二九。)을 한다.

모인영가 기수향공 이청법음 합장전심 참례금선

某人靈駕 旣受香供 已聽法音 合掌專心 參禮金仙

# ● 관욕(灌浴)

※ 관욕단은 남신구와 여신구를 각각 설치하며 각기 위패 모실 상과 향탕수, 양칫물, 양칫물을 받을 그릇, 수건 2장, 비누, 치약, 칫솔을 준비하고 지의(紙衣)는 지의함에 담아 준비하며, 기와장(지의를 사를 때 필요)도 준비한다. 관욕단 앞에는 증명상을 준비하는데, 촛대와 향로, 향수(香水)를 준비한다. 더불어 관욕실에는 욕실방(浴室榜)을 붙인다.　욕실방 ⇩ p. 三四.

## ■ 인예향욕편(引詣香浴篇)

상래이빙 불력법력 삼보위신지력 소청법계인도 일체인륜 급무주고혼 계유정
上來已憑 佛力法力 三寶威神之力 召請法界人道 一切人倫 及無主孤魂 洎有情

등중 이계도량 대중성발 청영부욕
等衆 已屬道場 大衆聲鈸 請迎赴浴

신묘장구대다라니
神妙章句大陀羅尼

나모라 다나 다라 야야 나막 알야 바로기제 새바라야 모지 사다바야 마하 사
다바야 마하 가로 니가야 옴 살바 바예수 다라나 가라야 다사명 나막 가리다
바 이맘 알야 바로기제 새바라 다바 니라간타 나막 하리나야 마발다 이사미

살발타 사다남 수반 아예염 살바 보다남 바바말아 미수다감 다냐타 옴 아로

계 아로가 마지로가 지가란제 혜혜하례 마하 모지 사다바 사마라 사마라 하

리나야 구로구로 갈마 사다야 사다야 도로도로 미연제 마하 미연제 다라다라

다린나례 새바라 자라자라 마라 미마라 아마라 몰제 예혜혜 로계 새바라 라

아 미사미 나사야 나베 사미 사미 나사야 모하자라 미사미 나사야 호로호로

마라 호로 하례 바나마 나바 사라사라 시리시리 소로소로 못자못자 모다야

모다야 메다리야 니라간타 가마사 날사남 바라 하리나야 마낙 사바하 싣다야

사바하 마하 싣다야 사바하 싣다유예 새바라야 사바하 니라 간타야 사바하

바라하 목카 싱하 목카야 사바하 바나마 하따야 사바하 자가라 욕다야 사바

하 상카 섭나네 모다나야 사바하 마하라 구타 다라야 사바하 바마 사간타 이

사 시체다 가릿나 이나야 사바하 먀가라 잘마 이바 사나야 사바하 「나모라

다나 다라 야야 나막 알야 바로기제 새바라야 사바하」(三遍)

반야심경(般若心經)　云云

※ 정로진언 시 위패를 관욕단으로 모신다.

정로진언
淨路眞言

옴 소싯디 나자리다라 나자리다라 모라다예 자라자라 만다
만다 하나하나 훔 바탁 (三遍)

견실합장인(堅實合掌印) 다섯손가락을 펴서 합장한다.

※ 입실게 시 위패를 욕실로 모신다.

입실게(入室偈)

일종위배본심왕 기입삼도력사생
一從違背本心王 幾入三途歷四生

금일척제번뇌염 수연의구자환향
今日滌除煩惱染 隨緣依舊自還鄉

■ 가지조욕편(加持澡浴篇)

상부 정삼업자 무월호징심 결만물자 막과어청수 시이 근엄욕실 특비향탕희
詳夫 淨三業者 無越乎澄心 潔萬物者 莫過於淸水 是以 謹嚴浴室 特備香湯 希

일탁어진로 획만겁지청정 하유목욕지게 대중수언후화
一濯於塵勞 獲萬劫之淸淨 下有沐浴之偈 大衆隨言後和

목욕게(沐浴偈)

아금이차향탕수 我今以此香湯水
관욕고혼급유정 灌浴孤魂及有情
신심세척영청정 身心洗滌令清淨
증입진공상락향 證入眞空常樂鄉

※목욕진언 시 관욕바라를 거행할 수도 있다.

목욕진언
沐浴眞言

옴 바다모 사니사 아모까 아레 훔 (三遍)

목욕인(沐浴印) 양손 약지(넷째손가락)와 소지(새끼손가락)를 안으로 각지 껴서 손바닥 속에 넣되 오른손이 왼손을 누르게 하고, 두 중지(가운데손가락)는 펴서 끝을 맞대고 양쪽 검지(둘째손가락)로 중지의 등을 누른다. 두 엄지는 중지의 가운데 마디를 누른다.

작양지진언
嚼楊枝眞言

옴 바아라하 사바하 (三遍)

금강권인(金剛拳印) 왼손 엄지로 약지의 아랫마디를 누르고 주먹을 쥔다.

수구진언 漱口眞言

옴 도로 구로구로 사바하 (三遍)

왼손으로 금강권을 쥔 상태에서 셋째、넷째、다섯째손가락을 편다。

세수면진언 洗手面眞言

옴 사만다 바리 숫제훔 (三遍)

금강권인(金剛拳印) 왼손 엄지로 약지의 아랫마디를 누르고 주먹을 쥔다。

■ 가지화의편(加持化衣篇)

제불자 관욕기주 신심구정 금이여래 무상비밀지언 가지명의 원차일의 위다의
諸佛子 灌浴旣周 心身俱淨 今以如來 無上秘密之言 加持冥衣 願此一衣 爲多依

이다의 위무진지의 영칭신형 부장부단 불착불관 승전소복지의 변성해탈지복
以多衣 爲無盡之衣 令稱身形 不長不短 不窄不寬 勝前所服之衣 變成解脫之服

故吾佛如來 有化衣財陀羅尼 謹當宣念

고오불여래 유화의재다라니 근당선념

※ 화의재진언 시 지의(紙衣)를 사른다.

化衣財眞言

화의재진언

나무 사만다 못다남 옴 바자나 비로기제 사바하 (三遍)

연화합장인(蓮花合掌印) 두 손의 열 손가락을 세워서 손가락과 손바닥을 함께 합하
는 합장으로、그 모양이 연꽃의 봉오리를 닮았다 해서 붙여진 이름이다.

化衣財眞言

화의재진언

諸佛子 持呪旣周 化衣已遍 無衣者 與衣覆體 有衣者 棄古換新 將詣淨壇 先整服飾

제불자 지주기주 화의이변 무의자 여의부체 유의자 기고환신 장예정단 선정복식

옴 바리마라바 바아리니 훔 (三遍)

授衣眞言

수의진언

연화권인(蓮花拳印) 오른손으로 주먹을 쥐고、왼손으로 물을 묻혀 관욕 소를 향해
뿌린다.

착의진언 着衣眞言

옴 바아라 바사세 사바하 (三遍)

양손 엄지손가락으로 나머지 네 손가락 끝을 눌러 주먹을 쥔다.

정의진언 整衣眞言

옴 삼만다 사다라나 바다메 훔 박 (三遍)

양손 엄지손가락으로 나머지 네 손가락 끝을 눌러 주먹을 쥔다.

※ 출욕참성편 시 관욕단에서 위패를 모시고 나온다.

■ 출욕참성편 (出浴參聖篇)

제불자 기주복식 가예단장 예삼보지자존 청일승지묘법 청리향욕 당부정단

諸佛子 旣周服飾 可詣壇場 禮三寶之慈尊 聽一乘之妙法 請離香浴 當赴淨壇

합장전심 서보전진
合掌專心 徐步前進

지단진언
指壇眞言

옴 예이혜 베로자나야 사바하 (三遍)

지단인(指壇印) 오른손으로 금강권을 짓되 둘째 손가락을 펴서 인로왕보살이 자리한
영혼 단[혹은 상단]을 향하도록 방향을 가리킨다.

법신게 (法身偈)

법신변만백억계　　응물현형담저월
法身遍滿百億界　　應物現形潭底月

보방금색조인천　　체원정좌보련대
普放金色照人天　　體圓正坐寶蓮臺

산화락 (三說)
散花落

※ 인성(引聲)을 지으며 위패를 모시고 대중은 본당으로 나아간다.

나무대성인로왕보살 (三說)
南無大聖引路王菩薩

※ 정중(庭中)에 이르러서 정중게(庭中偈)를 하고 다음에 개문게(開門偈)를 거행한다.

## 정중게(庭中偈)

일보증부동 一步曾不動　내향수운간 來向水雲間　기도아련야 旣到阿練若　입실예금선 入室禮金仙

## 개문게(開門偈)

권박봉미륵 捲箔逢彌勒　개문견석가 開門見釋迦　삼삼예무상 三三禮無上　유희법왕가 遊戲法王家

## ■ 가지예성편(加持禮聖篇)

상래 上來　위명도유정 爲冥道有情　인입정단이경 引入淨壇已竟　금당예봉삼보 今當禮奉三寶　부삼보자 夫三寶者　삼신정각 三身正覺　오교영문 五敎靈文　삼 三

현십성지존 賢十聖之尊　사과이승지중 四果二乘之衆　여등 汝等　기래법회 旣來法會　득부향연 得赴香筵　상삼보지난봉 想三寶之難逢　경일심이신 傾一心而信

레 禮　하유보례지게 下有普禮之偈　대중수언후화 大衆隨言後和

## 보례삼보(普禮三寶)

30

보례시방상주
普禮十方常住
법신보신화신제불타
法身報身化身諸佛陀

보례시방상주
普禮十方常住
경장율장논장제달마
經藏律藏論藏諸達摩

보례시방상주
普禮十方常住
보살연각성문제승가
菩薩緣覺聲聞諸僧伽

제불자 행봉성회 이례자존 의생한우지심 가발난조지상 청리단소 당부명연
諸佛子 幸逢聖會 已禮慈尊 宜生罕遇之心 可發難遭之想 請離壇所 當赴冥筵

동형진수 각구묘도
同享珍羞 各求妙道

## 법성게(法性偈)

법성원융무이상
法性圓融無二相
제법부동본래적
諸法不動本來寂
무명무상절일체
無名無相絶一切
증지소지비여경
證智所知非餘境

진성심심극미묘
眞性甚深極微妙
불수자성수연성
不守自性隨緣成
일중일체다중일
一中一切多中一
일즉일체다즉일
一卽一切多卽一

일미진중함시방
一微塵中含十方
일체진중역여시
一切塵中亦如是
무량원겁즉일념
無量遠劫卽一念
일념즉시무량겁
一念卽是無量劫

구세십세호상즉
九世十世互相卽
잉불잡란격별성
仍不雜亂隔別成
초발심시변정각
初發心時便正覺
생사열반상공화
生死涅槃相共和

이사명연무분별
理事冥然無分別
십불보현대인경
十佛普賢大人境

능인해인삼매중
能仁海印三昧中
번출여의부사의
繁出如意不思議

우보익생만허공
雨寶益生滿虛空
중생수기득이익
衆生隨器得利益

시고행자환본제
是故行者還本際
파식망상필부득
叵息妄想必不得

무연선교착여의
無緣善巧捉如意
귀가수분득자량
歸家隨分得資糧

이다라니무진보
以陀羅尼無盡寶
장엄법계실보전
莊嚴法界實寶殿

궁좌실제중도상
窮坐實際中道床
구래부동명위불
舊來不動名爲佛

괘전게 〔掛錢偈〕

제불대원경
諸佛大圓鏡
필경무내외
畢竟無內外
야양금일회
爺孃今日會
미목정상시
眉目正相撕

■ 수위안좌편 (受位安座篇)

제불자 상래승불섭수 장법가지 기무수계이임연 원획소요이취좌 하유안좌지게
諸佛子 上來承佛攝受 仗法加持 旣無囚繫以臨筵 願獲逍遙而就座 下有安座之偈

대중수언후화
大衆隨言後和

아금의교설화연<br>
我今依教說華筵<br>
다과진수열좌전<br>
茶果珍羞列座前<br>
대소의위차제좌<br>
大小依位次第坐<br>
전심제청연금언<br>
專心諦聽演金言

수위안좌진언<br>
受位安座眞言<br>
옴 마니 군다니 훔훔 사바하 (三遍)

다게(茶偈)

백초임중일미신<br>
百草林中一味新<br>
조주상권기천인<br>
趙州常勸幾千人<br>
팽장석정강심수<br>
烹將石鼎江心水

원사망령헐고륜<br>
願使亡靈歇苦輪<br>
원사고혼헐고륜<br>
願使孤魂歇苦輪<br>
원사제령헐고륜<br>
願使諸靈歇苦輪

■ 욕실방(浴室榜)

절이 감로향탕 세척다생지죄구 청량법수 탕제누겁지진로 욕해탈지 척환화체
切以 甘露香湯 洗滌多生之罪垢 清凉法水 蕩除累劫之塵勞 浴解脫池 滌滌幻化體

신업청정 가이예봉여래 묘촉선명 자시법신무구 종자세과 불염진애 이열뇌향
身業清淨 可以禮奉如來 妙觸宣明 自是法身無垢 從茲洗過 不染塵埃 離熱惱鄉

거진정계 우금출방어욕실소 장괘효유 유명자 연금소청 유명입욕 내시신식업
居眞淨界 右今出榜於浴室所 張掛曉喻 幽冥者 然今召請 幽冥入浴 乃是神識業

상지구 비시시해 혼백지체 이남녀상 종분단신 사허망정 획광명상 목욕이경
相之軀 非是屍骸 魂魄之體 離男女相 從分段身 捨虛妄情 獲光明相 沐浴已竟

수범패성 예어도량 참례성용구수
隨梵唄聲 詣於道場 參禮聖容求受

불기 년월일 병법사문 근압
佛紀 年月日 秉法沙門 謹押

34

옹호게(擁護偈)

팔부금강호도량　공신속부보천왕　삼계제천함래집　여금불찰보정상
八部金剛護道場　空神速赴報天王　三界諸天咸來集　如今佛刹補禎祥

거목(擧目)

남무 옹호회상 영기등중
南無 擁護會上 靈祇等衆

나무 도리회상 성현중
南無 忉利會上 聖賢衆

나무 금강회상 불보살
南無 金剛會上 佛菩薩

가영(歌詠)

옹호성중만허공　도재호광일도중　신수불어상옹호　봉행경전영류통　고아일심귀명정례
擁護聖衆滿虛空　都在毫光一道中　信受佛語常擁護　奉行經典永流通　故我一心歸命頂禮

다게(茶偈)

청정명다약　清淨茗茶藥
능제병혼침　能除病昏沈
유기옹호중　唯冀擁護衆

원수애납수　願垂哀納受
원수애납수　願垂哀納受
원수자비애납수　願垂慈悲哀納受

탄백(歎白)

제석천왕혜감명　帝釋天王慧鑑明
사주인사일념지　四洲人事一念知
애민중생여적자　哀愍衆生如赤子
시고아금공경례　是故我今恭敬禮

以上 神衆作法 終

● 삼십구위(三十九位)

옹호게(擁護偈)

팔부금강호도량　공신속부보천왕　삼계제천함래집　여금불찰보정상
八部金剛護道場　空神速赴報天王　三界諸天咸來集　如今佛刹補禎祥

상단(上壇)

봉청 관찰무상 觀察無常　소행평등 所行平等　무수 無數　대자재천왕 大自在天王
奉請

봉청 개이적정 皆以寂靜　안주기중 安住其中　무량 無量　광과천왕 廣果天王
奉請

봉청 광대법문 廣大法門　근작이익 勤作利益　무량 無量　변정천왕 偏淨天王
奉請

봉청 광대적정 廣大寂靜　무애법문 無碍法門　무량 光音　광음천왕 光音天王
奉請

봉청 개구대자 皆具大慈　연민중생 憐愍衆生　불가사의수 不可思議數　대범천왕 大梵天王
奉請

봉청 수습방편 修習方便　광대법문 廣大法門　무수 無數　타화자재천왕 他化自在天王
奉請

봉청(奉請) 조복중생(調伏衆生) 영득해탈(令得解脫) 무량(無量) 화락천왕(化樂天王)

봉청(奉請) 개근염지(皆勤念持) 제불명호(諸佛名號) 불가사의수(不可思議數) 도솔타천왕(兜率陀天王)

봉청(奉請) 개근수습(皆勤修習) 광대선근(廣大善根) 무량수(無量數) 야마천왕(夜摩天王)

봉청(奉請) 개근발기(皆勤發起) 일체세간(一切世間) 무량(無量) 삼십삼천왕(三十三天王)

봉청(奉請) 개근수습(皆勤修習) 이익중생(利益衆生) 무량(無量) 일천자(日天子)

봉청(奉請) 개근현발(皆勤現發) 중생심보(衆生心實) 무량(無量) 월천자(月天子)

봉청(奉請) 신장자비(神將慈悲) 옹호도량(擁護道場) 성취불사(成就佛事)

유원(唯願) 신장자비(神將慈悲) 옹호도량(擁護道場) 성취불사(成就佛事)

가영(歌詠)

욕색제천제성중(慈色諸天諸聖衆) 상수불회현자엄(常隨佛會現慈嚴)

소행평등보관찰(所行平等普觀察) 위구중생무피염(爲救衆生無疲厭)

고아일심귀명정례(故我一心歸命頂禮)

봉청 심생신해 환희애중 무량 건달바왕
奉請 深生信解 歡喜愛重 無量 乾闥婆王

봉청 무애법문 광대광명 무량 구반다왕
奉請 無碍法門 廣大光明 無量 鳩槃茶王

봉청 흥운포우 열뇌제멸 무량 제대용왕
奉請 興雲布雨 熱惱除滅 無量 諸大龍王

봉청 개근수호 일체중생 무량 야차왕
奉請 皆勤守護 一切衆生 無量 夜叉王

봉청 광대방편 영할치망 무량 마후라왕
奉請 廣大方便 永割癡網 無量 摩睺羅王

봉청 심항쾌락 자재유희 무량 긴나라왕
奉請 心恒快樂 自在遊戲 無量 緊那羅王

봉청 성취방편 구섭중생 불가사의수 가루라왕
奉請 成就方便 救攝衆生 不可思議數 迦樓羅王

봉청 실이정근 최복아만 무량 아수라왕
奉請 悉已精勤 摧伏我慢 無量 阿修羅王

유원 신장자비 옹호도량 성취불사
唯願 神將慈悲 擁護道場 成就佛事

가영(歌詠)

팔부사왕내부회 八部四王來赴會　심항쾌락이무궁 心恒快樂利無窮

개근해탈방편력 皆勤解脫方便力　섭복군마진위웅 懾伏群魔振威雄

고아일심귀명정례 故我一心歸命頂禮

하단(下壇)

봉청 奉請　개어묘법 皆於妙法　능생신해 能生信解　무량 無量　주주신 主晝神

봉청 奉請　개근수습 皆勤修習　이법위락 以法爲樂　무량 無量　주야신 主夜神

봉청 奉請　보방광명 普放光明　항조시방 恒照十方　무량 無量　주방신 主方神

봉청 奉請　심개이구 心皆離垢　광대명결 廣大明潔　무량 無量　주공신 主空神

봉청 奉請　개근산멸 皆勤散滅　아만지심 我慢之心　무량 無量　주풍신 主風神

봉청 奉請　시현광명 示現光明　열뇌제멸 熱惱除滅　무량 無量　주화신 主火神

봉청 奉請 상근구호 常勤救護 일체중생 一切衆生 무량 無量 주수신 主水神

봉청 奉請 공덕대해 功德大海 충만기중 充滿其中 무량 無量 주해신 主海神

봉청 奉請 개근작의 皆勤作意 이익중생 利益衆生 무량 無量 주하신 主河神

봉청 奉請 막불개득 莫不皆得 대희성취 大喜成就 무량 無量 주가신 主稼神

봉청 奉請 성개이구 性皆離垢 인자우물 仁慈祐物 무량 無量 주약신 主藥神

봉청 奉請 개유무량 皆有無量 가애광명 可愛光明 불가사의수 不可思議數 주림신 主林神

봉청 奉請 개어제법 皆於諸法 득청정안 得清淨眼 무량 無量 주산신 主山神

봉청 奉請 친근제불 親近諸佛 동수복업 同修福業 불세계 佛世界 미진수 微塵數 주지신 主地神

봉청 奉請 엄정여래 嚴淨如來 소거궁전 所居宮殿 불세계 佛世界 미진수 微塵數 주성신 主城神

봉청 奉請 성취원력 成就願力 광흥공양 廣興供養 불세계 佛世界 미진수 微塵數 도량신 道場神

奉請

奉請

奉請

奉請

唯願

<br>

봉청 奉請 친근여래 親近如來 수축불사 隨逐不捨 불세계 佛世界 미진수 微塵數 족행신 足行神

봉청 奉請 성취대원 成就大願 공양제불 供養諸佛 불세계 佛世界 미진수 微塵數 신중신 身衆神

봉청 奉請 항발대원 恒發大願 공양제불 供養諸佛 불세계 佛世界 미진수 微塵數 집금강신 執金剛神

유원 唯願 신장자비 神將慈悲 옹호도량 擁護道場 성취불사 成就佛事

가영(歌詠)

품류무변형색별 品類無邊形色別 수기원력현신통 隨其願力現神通 이익중생일체동 利益眾生一切同 고아일심귀명정례 故我一心歸命頂禮

봉행불법상위호 奉行佛法常爲護

다게(茶偈)

청정명다약 清淨茗茶藥 능제병혼침 能除病昏沈 유기옹호중 唯冀擁護眾 원수애납수 願垂哀納受

원수애납수 願垂哀納受

원수자비애납수 願垂慈悲哀納受

제석천왕혜감명　사주인사일념지　애민중생여적자　시고아금공경례

帝釋天王慧鑑明　四洲人事一念知　哀愍衆生如赤子　是故我今恭敬禮

以上 三十九位 終

● 일백사위(一百四位)

옹호게(擁護偈)

팔부금강호도량 八部金剛護道場　공신속부보천왕 空神速赴報天王　삼계제천함래집 三界諸天咸來集　여금불찰보정상 如今佛刹補禎祥

상단(上壇)

봉청 奉請　여래화현 如來化現　원만신통 圓滿神通　대예적금강성자 大穢跡金剛聖者

봉청 奉請　소멸중생 消滅衆生　숙재구앙 宿災舊殃　청제재금강 青除災金剛

봉청 奉請　파제유정 破除有情　온황제독 瘟瘴諸毒　벽독금강 碧毒金剛

봉청 奉請　주제공덕 主諸功德　소구여의 所求如意　황수구금강 黃隨求金剛

봉청 奉請　주제보장 主諸寶藏　파제열뇌 破除熱惱　백정수금강 白淨水金剛

봉청 奉請　견불신광 見佛身光　여풍속질 如風速疾　적성화금강 赤聲火金剛

44

봉청 奉請 자안시물 慈眼示物 지파재경 智破災境 정제재금강 定除災金剛

봉청 奉請 피견로장 披堅牢藏 개오중생 開悟衆生 자현신금강 紫賢神金剛

봉청 奉請 응물조생 應物調生 지아성취 智芽成就 대신력금강 大神力金剛

봉청 奉請 처어중회 處於衆會 방편경물 方便警物 권보살 眷菩薩

봉청 奉請 지달정경 智達定境 복수정업 福修定業 색보살 索菩薩

봉청 奉請 수제중생 隨諸衆生 현신조복 現神調伏 애보살 愛菩薩

봉청 奉請 청정운음 淸淨雲音 보경군미 普警羣迷 어보살 語菩薩

봉청 奉請 동방 東方 염만다가대명왕 焰曼怛迦大明王

봉청 奉請 남방 南方 바라이야다가대명왕 鉢羅抳也怛迦大明王

봉청 奉請 서방 西方 바랍마다가대명왕 鉢納摩怛迦大明王

奉請 北方 미거라다가대명왕 尾佉羅怛迦大明王

奉請 東南方 탁기라야대명왕 托枳羅惹大明王

奉請 西南方 니라능나대명왕 尼羅能拏大明王

奉請 西北方 마하마라대명왕 摩訶摩羅大明王

奉請 東北方 아좌라나타대명왕 阿左羅曩他大明王

奉請 下方 바라반다라대명왕 縛羅播多羅大明王

奉請 上方 오니쇄자거라바리제대명왕 塢尼灑作仡羅縛里帝大明王

唯願 神將慈悲 신장자비 옹호도량 擁護道場 성취불사 成就佛事

가영(歌詠)

금강보검최위웅 金剛寶劒最威雄

일할능최외도봉 一喝能摧外道鋒

변계건곤개실색 遍界乾坤皆失色 수미도탁반공중 須彌倒卓半空中

고아일심귀명정례 故我一心歸命頂禮

중단(中壇)

봉청 奉請 사바계주 娑婆界主 호령독존 號令獨尊 대범천왕 大梵天王

봉청 奉請 삼십삼천 三十三天 지거세주 地居世主 제석천왕 帝釋天王

봉청 奉請 북방호세 北方護世 대약차주 大藥叉主 비사문천왕 毘沙門天王

봉청 奉請 동방호세 東方護世 건달바주 乾闥婆主 지국천왕 持國天王

봉청 奉請 남방호세 南方護世 구반다주 鳩般茶主 증장천왕 增長天王

봉청 奉請 서방호세 西方護世 위대룡주 爲大龍主 광목천왕 廣目天王

봉청 奉請 백명이생 白明利生 천광파암 千光破暗 일궁천자 日宮天子

봉청 奉請 성주숙왕 星主宿王 청량조야 清凉照夜 월궁천자 月宮天子

봉청 奉請　친복마원 親伏魔冤　서위력사 誓爲力士　금강밀적 金剛密跡

봉청 奉請　색계정거 色界頂居　존특지주 尊特之主　마혜수라천왕 摩醯首羅天王

봉청 奉請　이십팔부 二十八部　총영귀신 摠領鬼神　산지대장 散脂大將

봉청 奉請　능여총지 能與摠持　대지혜취 大智慧聚　대변재천왕 大辯才天王

봉청 奉請　수기소구 隨基所求　영득성취 令得成就　대공덕천왕 大功德天王

봉청 奉請　은우사부 殷憂四部　외호삼주 外護三洲　위태천신 韋駄天神

봉청 奉請　증장출생 增長出生　발명공덕 發明功德　견로지신 堅牢地神

봉청 奉請　각장수음 覺場垂蔭　인과호엄 因果互嚴　보리수신 菩提樹神

봉청 奉請　생제귀왕 生諸鬼王　보호남녀 保護男女　귀자모신 鬼子母神

봉청 奉請　행일월전 行日月前　구병과란 救兵戈難　마리지신 摩利支神

48

| | | | | | | | | | |
|---|---|---|---|---|---|---|---|---|---|
| 봉청 奉請 | 봉청 奉請 | 봉청 奉請 | 봉청 奉請 | 봉청 奉請 | 봉청 奉請 | 봉청 奉請 | 봉청 奉請 | 봉청 奉請 | 봉청 奉請 |
| 북두제칠 北斗第七 | 북두제육 北斗第六 | 북두제오 北斗第五 | 북두제사 北斗第四 | 북두제삼 北斗第三 | 북두제이 北斗第二 | 북두제일 北斗第一 | 중성환공 衆星環拱 | 장유음권 掌幽陰權 | 비장법보 秘藏法寶 |
| 천관파군 天關破軍 | 북극무곡 北極武曲 | 단원염정 丹元廉貞 | 현명문곡 玄冥文曲 | 진인녹존 眞人綠存 | 음정거문 陰精巨門 | 양명탐랑 陽明貪狼 | 북극진군 北極眞君 | 위지옥주 爲地獄主 | 주집군룡 主執群龍 |
| 관성군 關星君 | 기성군 紀星君 | 강성군 綱星君 | 유성군 紐星君 | 정성군 貞星君 | 원성군 元星君 | 태성군 太星君 | 자미대제 紫微大帝 | 염마라왕 閻摩羅王 | 사가라용왕 娑竭羅龍王 |

봉청(奉請) 북두제팔(北斗第八) 통명외보성군(洞明外輔星君)

봉청(奉請) 북두제구(北斗第九) 은광내필성군(隱光內弼星君)

봉청(奉請) 상태허정(上台虛精) 개덕진군(開德眞君)

봉청(奉請) 중태육순(中台六淳) 사공성군(司空星君)

봉청(奉請) 하태곡생(下台曲生) 사록성군(司祿星君)

봉청(奉請) 이십팔수(二十八宿) 주천열요(周天列曜) 제대성군(諸大星君)

봉청(奉請) 이능장수(以能將手) 은섭일월(隱攝日月) 아수라왕(阿修羅王)

봉청(奉請) 청정속질(清淨速疾) 보혜광명(普慧光明) 가루라왕(迦樓羅王)

봉청(奉請) 열의후성(悅意吼聲) 섭복중마(懾伏衆魔) 긴나라왕(緊那羅王)

봉청(奉請) 승혜장엄(勝慧莊嚴) 수미견고(須彌堅固) 마후라가왕(摩睺羅伽王)

유원　신장자비　웅호도량　성취불사
唯願　神將慈悲　擁護道場　成就佛事

가영(歌詠)

범왕제석사천왕　불법문중서원견
梵王帝釋四天王　佛法門中誓願堅

열입초제천만세　자연신용호금선
列立招提千萬歲　自然神用護金仙

고아일심귀명정례
故我一心歸命頂禮

하단(下壇)

봉청　이십오위　만사길상　호계대신
奉請　二十五位　萬事吉祥　護戒大神

봉청　일십팔위　내호정법　복덕대신
奉請　一十八位　內護正法　福德大神

봉청　차일주처　보덕정화　토지신
奉請　此一住處　普德淨華　土地神

봉청　장엄도량　수호만행　도량신
奉請　莊嚴道場　守護萬行　道場神

봉청　수호섭지　일체필추　가람신
奉請　守護攝持　一切苾蒭　伽藍神

봉청 奉請　보부법계 普覆法界　주변함용 周遍含容　옥택신 屋宅神

봉청 奉請　광대영통 廣大靈通　출입무애 出入無碍　문호신 門戶神

봉청 奉請　적집무변 積集無邊　청정복업 清淨福業　주정신 主庭神

봉청 奉請　검찰인사 檢察人事　분명선악 分明善惡　주조신 主竈神

봉청 奉請　만덕고승 萬德高勝　성개한적 性皆閑寂　주산신 主山神

봉청 奉請　이진탁열 離塵濯熱　보생환희 保生歡喜　주정신 主井神

봉청 奉請　서제부정 誓除不淨　보결중생 普潔衆生　청칙신 圊厠神

봉청 奉請　성취묘경 成就妙粳　선전무이 旋轉無己　대애신 碪磑神

봉청 奉請　운우등윤 雲雨等潤　발생만물 發生萬物　주수신 主水神

봉청 奉請　중묘궁전 衆妙宮殿　광명파암 光明破暗　주화신 主火神

봉청 奉請 견리자재 堅利自在 밀염승일 密焰勝日 주금신 主金神

봉청 奉請 탁간서광 擢幹舒光 생아발요 生芽發耀 주목신 主木神

봉청 奉請 생성주지 生成住持 심지만덕 心地萬德 주토신 主土神

봉청 奉請 보관세업 普觀世業 영단미혹 永斷迷惑 주방신 主方神

봉청 奉請 증고제액 拯苦濟厄 십이유생 十二類生 토공신 土公神

봉청 奉請 운행사주 運行四洲 기진한서 紀陳寒暑 연직방위신 年直方位神

봉청 奉請 파암장물 破暗藏物 능랭능열 能冷能熱 일월시직신 日月時直神

봉청 奉請 광흥공양 廣興供養 치무량불 値無量佛 광야신 廣野神

봉청 奉請 원리진구 遠離塵垢 구함만덕 具含萬德 주해신 主海神

봉청 奉請 법하유주 法河流注 윤익군품 潤益群品 주하신 主河神

봉청 보흥운당 이구향적 주강신
奉請 普興雲幢 離垢香積 主江神

봉청 위광특달 분치열후 도로신
奉請 威光特達 分置列垾 道路神

봉청 엄정여래 소거궁전 주성신
奉請 嚴淨如來 所居宮殿 主城神

봉청 포화여운 묘광형요 초휘신
奉請 布花如雲 妙光逈曜 草卉神

봉청 성취묘향 증장정기 주가신
奉請 成就妙香 增長精氣 主稼神

봉청 표격운당 소행무애 주풍신
奉請 飄擊雲幢 所行無碍 主風神

봉청 수제업보 시리다반 주우신
奉請 隨諸業報 施利多般 主雨神

봉청 어주섭화 행덕항명 주주신
奉請 於晝攝化 行德恒明 主晝神

봉청 도인혜명 영지정로 주야신
奉請 導引慧明 令知正路 主夜神

봉청 무량위의 최상장엄 신중신
奉請 無量威儀 最上莊嚴 身衆神

奉請 봉청 친근여래 親近如來 수축불사 隨逐不捨 족행신 足行神

奉請 봉청 장판수요 掌判壽夭 사명신 司命神

奉請 봉청 밀정자량 密定資糧 사록신 司祿神

奉請 봉청 좌종주동 左從注童 장선신 掌善神

奉請 봉청 우축주동 右逐注童 장악신 掌惡神

奉請 봉청 행벌행병 行罰行病 이위대신 二位大神

奉請 봉청 온황고채 瘟瘟痼瘵 이위대신 二位大神

奉請 봉청 이의삼재 二儀三才 오행대신 五行大神

奉請 봉청 음양조화 陰陽造化 부지명위 不知名位 일체호법선신 一切護法善神 영기등중 靈祇等衆

唯願 유원 신장자비 神將慈悲 옹호도량 擁護道場 성취불사 成就佛事

가영(歌詠)

옹호성중만허공 擁護聖衆滿虛空　도재호광일도중 都在毫光一道中

신수불어상옹호 信受佛語常擁護　봉행경전영류통 奉行經典永流通　고아일심귀명정례 故我一心歸命頂禮

다게(茶偈)

청정명다약 清淨茗茶藥　능제병혼침 能除病昏沈　유기옹호중 唯冀擁護衆

원수애납수 願垂哀納受　원수애납수 願垂哀納受　원수자비애납수 願垂慈悲哀納受

탄백(歎白)

제석천왕혜감명 帝釋天王慧鑑明　사주인사일념지 四洲人事一念知　애민중생여적자 哀愍衆生如赤子　시고아금공경례 是故我今恭敬禮

以上 一百四位 終

# ● 천수경(千手經)

정구업진언
淨口業眞言　　수리수리 마하수리 수수리 사바하 (三遍)

오방내외안위제신진언　　나무 사만다 못다남 옴 도로도로 지미 사바하 (三遍)
五方內外安慰諸神眞言

개경게 (開經偈)

무상심심미묘법　　백천만겁난조우　　아금문견득수지　　원해여래진실의
無上甚深微妙法　　百千萬劫難遭遇　　我今聞見得受持　　願解如來眞實意

개법장진언
開法藏眞言　　옴 아라남 아라다 (三遍)

천수천안관자재보살 광대원만 무애대비심 대다라니 계청
千手千眼觀自在菩薩 廣大圓滿 無碍大悲心 大陀羅尼 啓請

계수관음대비주　　원력홍심상호신　　천비장엄보호지　　천안광명변관조
稽首觀音大悲主　　願力洪深相好身　　千臂莊嚴普護持　　千眼光明遍觀照

진실어중선밀어　　무위심내기비심　　속령만족제희구　　영사멸제제죄업
眞實語中宣密語　　無爲心內起悲心　　速令滿足諸希求　　永使滅除諸罪業

천룡중성동자호<br>
天龍衆聖同慈護<br>
백천삼매돈훈수<br>
百千三昧頓薰修<br>
수지신시광명당<br>
受持身是光明幢<br>
수지심시신통장<br>
受持心是神通藏

세척진로원제해<br>
洗滌塵勞願濟海<br>
초증보리방편문<br>
超證菩提方便門<br>
아금칭송서귀의<br>
我今稱誦誓歸依<br>
소원종심실원만<br>
所願從心悉圓滿

나무대비관세음<br>
南無大悲觀世音<br>
원아속지일체법<br>
願我速知一切法<br>
나무대비관세음<br>
南無大悲觀世音<br>
원아조득지혜안<br>
願我早得智慧眼

나무대비관세음<br>
南無大悲觀世音<br>
원아속도일체중<br>
願我速度一切衆<br>
나무대비관세음<br>
南無大悲觀世音<br>
원아조득선방편<br>
願我早得善方便

나무대비관세음<br>
南無大悲觀世音<br>
원아속승반야선<br>
願我速乘般若船<br>
나무대비관세음<br>
南無大悲觀世音<br>
원아조득월고해<br>
願我早得越苦海

나무대비관세음<br>
南無大悲觀世音<br>
원아속득계정도<br>
願我速得戒定道<br>
나무대비관세음<br>
南無大悲觀世音<br>
원아조등원적산<br>
願我早登圓寂山

나무대비관세음<br>
南無大悲觀世音<br>
원아속회무위사<br>
願我速會無爲舍<br>
나무대비관세음<br>
南無大悲觀世音<br>
원아조동법성신<br>
願我早同法性身

아약향도산<br>
我若向刀山<br>
도산자최절<br>
刀山自摧折<br>
아약향화탕<br>
我若向火湯<br>
화탕자고갈<br>
火湯自枯渴

아약향지옥<br>
我若向地獄<br>
지옥자소멸<br>
地獄自消滅<br>
아약향아귀<br>
我若向餓鬼<br>
아귀자포만<br>
餓鬼自飽滿

아약향수라<br>
我若向修羅<br>
악심자조복<br>
惡心自調伏<br>
아약향축생<br>
我若向畜生<br>
자득대지혜<br>
自得大智慧

나무관세음보살마하살 南無觀世音菩薩摩訶薩

나무대세지보살마하살 南無大勢至菩薩摩訶薩

나무천수보살마하살 南無千手菩薩摩訶薩

나무여의륜보살마하살 南無如意輪菩薩摩訶薩

나무대륜보살마하살 南無大輪菩薩摩訶薩

나무관자재보살마하살 南無觀自在菩薩摩訶薩

나무정취보살마하살 南無正趣菩薩摩訶薩

나무만월보살마하살 南無滿月菩薩摩訶薩

나무수월보살마하살 南無水月菩薩摩訶薩

나무군다리보살마하살 南無軍茶利菩薩摩訶薩

나무십일면보살마하살 南無十一面菩薩摩訶薩

나무제대보살마하살 南無諸大菩薩摩訶薩

「나무본사아미타불」 南無本師阿彌陀佛 (三說)

신묘장구대다라니 神妙章句大陀羅尼

나모라 다나 다라 야야 나막 알야 바로기제 새바라야 모지 사다바야 마하 사

다바야 마하 가로 니가야 옴 살바 바예수 다라나 가라야 다사명 나막 가리다

바 이맘 알야 바로기제 새바라 다바 니라간타 나막 하리나야 마발다 이사미

살발타 사다남 수반 아예염 살바 보다남 바바말아 미수다감 다냐타 옴 아로

계 아로가 마지로가 지가란제 헤헤하례 마하 모지 사다바 사마라 사마라 하

리나야 구로구로 갈마 사다야 사다야 도로도로 미연제 미연제 다라다라

다린나레 새바라 자라자라 마라 미마라 아마라 몰제 예혜혜 로계 새바라 라

아 미사미 나사야 나베 사미 사미 나사야 모하자라 미사미 나사야 호로호로

마라 호로 하례 바나마 나바 사라사라 시리시리 소로소로 못자못자 모다야

모다야 메다리야 니라간타 가마사 날사남 바라 하리나야 마낙 사바하 싣다야

사바하 마하 싣다야 사바하 싣다유예 새바라야 사바하 니라간타야 사바하

바라하 목카 싱하 목카야 사바하 바나마 하따야 사바하 자가라 욕다야 사바

하 상카 섭나네 모다나야 사바하 마하라 구타 다라야 사바하 바마 사간타 이

사 시체다 가릿나 이나야 사바하 먀가라 잘마 이바 사나야 사바하 「나모라

다나 다라 야야 나막 알야 바로기제 새바라야 사바하」 (三遍)

※신묘장구대다라니는 3편을 지송해야 하나、약례 시 1편은 제대로 하고 2편은 꺽쇠(「」)의 진언만

지송하기도 한다。이후 의식에서도 적용된다。

일쇄동방결도량 一灑東方潔道場
이쇄남방득청량 二灑南方得清凉
삼쇄서방구정토 三灑西方俱淨土
사쇄북방영안강 四灑北方永安康

도량찬(道場讚)

도량청정무하예 道場清淨無瑕穢
삼보천룡강차지 三寶天龍降此地
아금지송묘진언 我今持誦妙眞言
원사자비밀가호 願賜慈悲密加護

참회게(懺悔偈)

아석소조제악업 我昔所造諸惡業
개유무시탐진치 皆有無始貪瞋癡
종신구의지소생 從身口意之所生
일체아금개참회 一切我今皆懺悔

참제업장십이존불(懺除業障十二尊佛)

나무참제업장보승장불 南無懺除業障寶勝藏佛
보광왕화염조불 寶光王火燄照佛
일체향화자재력왕불 一切香華自在力王佛
백억항하사결정불 百億恒河沙決定佛
진위덕불 振威德佛
금강견강소복괴산불 金剛堅強消伏壞散佛
보광월전묘음존왕불 寶光月殿妙音尊王佛
환희장마니보적불 歡喜藏摩尼寶積佛
무진향승왕불 無盡香勝王佛
사자월불 獅子月佛
환희장엄주왕불 歡喜莊嚴珠王佛
제보당마니승광불 帝寶幢摩尼勝光佛

십악참회 (十惡懺悔)

살생중죄금일참회　殺生重罪今日懺悔
투도중죄금일참회　偸盜重罪今日懺悔
사음중죄금일참회　邪淫重罪今日懺悔
망어중죄금일참회　妄語重罪今日懺悔
기어중죄금일참회　綺語重罪今日懺悔
양설중죄금일참회　兩舌重罪今日懺悔
악구중죄금일참회　惡口重罪今日懺悔
탐애중죄금일참회　貪愛重罪今日懺悔
진에중죄금일참회　瞋恚重罪今日懺悔
치암중죄금일참회　癡暗重罪今日懺悔

백겁적집죄　百劫積集罪
일념돈탕제　一念頓蕩除
여화분고초　如火焚枯草
멸진무유여　滅盡無有餘

죄무자성종심기　罪無自性從心起
심약멸시죄역망　心若滅是罪亦忘
죄망심멸양구공　罪忘心滅兩俱空
시즉명위진참회　是卽名爲眞懺悔

참회진언　懺悔眞言
옴 살바 못자 모지 사다야 사바하 (三遍)

준제공덕취　准提功德聚
적정심상송　寂靜心常誦
일체제대난　一切諸大難
무능침시인　無能侵是人

62

천상급인간 天上及人間　수복여불등 受福如佛等　우차여의주 遇此如意珠　정획무등등 定獲無等等

「나무칠구지불모대준제보살」 南無七俱胝佛母大准提菩薩 (三說)

정법계진언 淨法界眞言
　옴 남 (三遍)

호신진언 護身眞言
　옴 치림 (三遍)

관세음보살 본심미묘 육자대명왕진언 觀世音菩薩 本心微妙 六字大明王眞言
　옴 마니 반메 훔 (三遍)

준제진언 准提眞言
나무 사다남 삼먁 삼못다 구치남 다냐타
「옴 자례주례 준제 사바하 부림」 (三遍)

아금지송대준제 我今持誦大准提　즉발보리광대원 卽發菩提廣大願
원아정혜속원명 願我定慧速圓明

아금지송대준제 我今持誦大准提
즉발보리광대원 卽發菩提廣大願　원아정혜속원명 願我定慧速圓明　원아공덕개성취 願我功德皆成就

원아승복변장엄 願我勝福遍莊嚴　원공중생성불도 願共衆生成佛道

여래십대발원문
如來十大發願文

원아영리삼악도
願我永離三惡道

원아속단탐진치
願我速斷貪瞋癡

원아상문불법승
願我常聞佛法僧

원아근수계정혜
願我勤修戒定慧

원아항수제불학
願我恒隨諸佛學

원아불퇴보리심
願我不退菩提心

원아결정생안양
願我決定生安養

원아속견아미타
願我速見阿彌陀

원아분신변진찰
願我分身遍塵刹

원아광도제중생
願我廣度諸衆生

발사홍서원
發四弘誓願

중생무변서원도
衆生無邊誓願度

번뇌무진서원단
煩惱無盡誓願斷

법문무량서원학
法門無量誓願學

불도무상서원성
佛道無上誓願成

자성중생서원도
自性衆生誓願度

자성번뇌서원단
自性煩惱誓願斷

자성법문서원학
自性法門誓願學

자성불도서원성
自性佛道誓願成

발원이 귀명례삼보
發願已 歸命禮三寶

「나무상주시방불
南無常住十方佛

나무상주시방법
南無常住十方法

나무상주시방승」
南無常住十方僧 (三說)

◉ 조전점안(造錢點眼)

※ 할향부터 참회진언까지의 의식은 「천수경」정구업진언부터 참회진언까지로 대체할 수 있다.

할향(喝香)

전단목주중생상 栴檀木做衆生像
급여여래보살형 及與如來菩薩形
만면천두수각리 萬面千頭雖各異
약문훈기일반향 若聞薰氣一般香

연향게(燃香偈)

계정혜해지견향 戒定慧解知見香
변시방찰상분복 遍十方刹常氛馥
원차향연역여시 願此香烟亦如是
훈현자타오분신 熏現自他五分身

할등(喝燈)

달마전등위계활 達摩傳燈爲計活
종사병촉작가풍 宗師秉燭作家風
등등상속방불멸 燈燈相續方不滅
대대유통진조종 代代流通振祖宗

연등게(燃燈偈)

대원위주대비유 大願爲炷大悲油
대사위화삼법취 大捨爲火三法聚
보리심등조법계 菩提心燈照法界
아아훔 조제군생원성불 阿阿吽 照諸群生願成佛

할화(喝花)

모란화왕함묘유　함담홍련동염정
牧丹花王含妙有

작약금예체분방　갱생황국상후신
芍藥金藥體芬芳

菡萏紅蓮同染淨

更生黃菊霜後新

서찬게(舒讚偈)

아금신해선근력　불법승보가지력
我今信解善根力

급여법계연기력　소수선사원원만
及與法界緣起力

佛法僧寶加持力

所修善事願圓滿

삼귀의(三歸依)

지심신례　불타야　양족존
至心信禮　佛陀耶　兩足尊

지심신례　달마야　이욕존
至心信禮　達摩耶　離欲尊

지심신례　승가야　중중존
至心信禮　僧伽耶　衆中尊

합장게(合掌偈)

합장이위화　신위공양구　성심진실상　찬탄향연부
合掌以爲花　身爲供養具　誠心眞實相　讚歎香煙覆

66

고향게(告香偈)

향연변부삼천계 정혜능개팔만문 유원삼보대자비 문차신향임법회

香烟遍覆三千界　定慧能開八萬門　唯願三寶大慈悲　聞此信香臨法會

개계(開啓)

상부 수함청정지공 향유보훈지덕 고장법수 특훈묘향 쇄사법연 성우정토

詳夫　水含淸淨之功　香有普熏之德　故將法水　特熏妙香　灑斯法筵　成于淨土

쇄수게(灑水偈)

관음보살대의왕 감로병중법수향 쇄탁마운생서기 소제열뇌획청량

觀音菩薩大醫王　甘露甁中法水香　灑濯魔雲生瑞氣　消除熱惱獲淸凉

복청게(伏請偈)

복청대중 동음창화 신묘장구대다라니

伏請大衆　同音唱和　神妙章句大陀羅尼

신묘장구대다라니

神妙章句大陀羅尼

나모라 다나 다라 야야 나막 알야 바로기제 새바라야 모지 사다바야 마하 사다바야 마하 가로 니가야 옴 살바 바예수 다라나 가라야 다사명 나막 가

리다바 이맘 알야 바로기제 새바라 다바 니라간타 나막 하리나야 마발다 이

사미 살발타 사다남 수반 아예염 살바 보다남 바바말아 미수다감 다냐타 옴

아로계 아로가 마지로가 지가란제 혜혜하례 마하 모지 사다바 사마라 사마

라 하리나야 구로구로 갈마 사다야 사다야 도로도로 미연제 마하 미연제 다

라다라 다린나레 새바라 자라자라 마라 미마라 아마라 몰제 예혜혜 로계 새

바라 라아 미사미 나사야 나베 사미 사미 나사야 모하자라 미사미 나사야

호로호로 마라 호로 하례 바나마 나바 사라사라 시리시리 소로소로 못자못

자 모다야 모다야 메다리야 니라간타 가마사 날사남 바라 하리나야 마낙 사

바하 싣다야 사바하 마하 싣다야 사바하 싣다유예 새바라야 사바하 니라 간

타야 사바하 바라하 목카 싱하 목카야 사바하 바나마 하따야 사바하 자가라

욕다야 사바하 상카 섭나네 모다나야 사바하 마하라 구타 다라야 사바하 바

마 사간타 이사 시체다 가릿나 이나야 사바하 먀가라 잘마 이바 사나야 사

바하 「나모라 다나 다라 야야 나막 알야 바로기제 새바라야 사바하」 (三遍)

사방찬(四方讚)

일쇄동방결도량
一灑東方潔道場

이쇄남방득청량
二灑南方得清凉

삼쇄서방구정토
三灑西方俱淨土

사쇄북방영안강
四灑北方永安康

엄정게(嚴淨偈)

도량청정무하예
道場清淨無瑕穢

삼보천룡강차지
三寶天龍降此地

아금지송묘진언
我今持誦妙眞言

원사자비밀가호
願賜慈悲密加護

참회게(懺悔偈)

아석소조제악업
我昔所造諸惡業

개유무시탐진치
皆由無始貪嗔癡

종신구의지소생
從身口意之所生

일체아금개참회
一切我今皆懺悔

참회진언
懺悔眞言

옴 살바 못자모지 사다야 사바하 (三七遍)

※ 양지(楊枝) 스물한 가지로 발을 만들어 그 위에 점안하고자 하는 지전을 쌓아 올린다. 쇄수(灑水)할 물은, 월덕방위(月德方位: 正·五·九月은 丙方、二·六·十月은 甲方、三·七·至月은 壬方、四·八·臘月에는 庚方)에서 길어와 증명상에 준비하며、모든 진언은 백팔편씩 지송한다. (各眞言百八遍)

월덕수진언
月德水眞言

옴 바아라 훔 밤 사바하 (百八遍)

※ 조전점안 시 진언은 의식문마다 약간의 차이를 보인다. ○ 밑의 진언은 참고로 수록하였다.

# 조전진언 造錢眞言

옴 바아라 훔 사바하 (百八遍)

# 성전진언 成錢眞言

옴 반자나 훔 사바하 (百八遍)

나무불수 南無佛水　나무법수 南無法水　나무승수 南無僧水　나무오방용왕수 南無五方龍王水 (三七遍)

# 쇄향수진언 灑香水眞言

옴 바아라 바 훔 (百八遍)　○옴 아라 훔 사바하

# 변성금은전진언 變成金銀錢眞言

옴 반자나 반자니 사바하 (百八遍)

# 개전진언 開錢眞言

옴 반자나니 훔 사바하 (百八遍)　○옴 자나니 훔 사바하

# 괘전진언 掛錢眞言

옴 발사라 반자니 사바하 (百八遍)

※ 이운을 별도로 하지 않을 경우 헌전진언을 한다.

# 헌전진언 獻錢眞言

옴 아자나 훔 사바하 (百八遍)

以上 造錢點眼 終

# ◉ 금은전이운(金銀錢移運)

## 옹호게(擁護偈)

팔부금강호도량 八部金剛護道場
공신속부보천왕 空神速赴報天王
삼계제천함래집 三界諸天咸來集
여금불찰보정상 如今佛刹補禎祥

## 금은전이운게(金銀錢移運偈)

수도금은산부동 誰道金銀山不動
불번천제명과아 不煩天帝命夸娥
인간지작명간보 人間紙作冥間寶
진시여래묘력다 儘是如來妙力多

## 산화락 (三說)
散花落

나무마하반야바라밀 (三說) 或 나무 영산회상 불보살 (三說)
南無摩訶般若波羅蜜　南無 靈山會上 佛菩薩

## 헌전진언
獻錢眞言

옴 아자나 훔 사바하 (百八遍)

## 헌전게(獻錢偈)

화지성전겸비수 化紙成錢兼備數
퇴퇴정사백은산 堆堆正似白銀山
금장봉헌명관중 今將奉獻冥官衆
물기망망광야간 勿棄茫茫曠野間

◉ 경함이운(經函移運)

옹호게(擁護偈)

팔부금강호도량 八部金剛護道場

공신속부보천왕 空神速赴報天王

삼계제천함래집 三界諸天咸來集

여금불찰보정상 如今佛刹補禎祥

경함이운게(經函移運偈)

묘법하수별처토 妙法何須別處討

화화초초노전기 花花草草露全機

인인불식원주재 人人不識圓珠在

야사능인권폐의 也使能仁捲蔽衣

동경게(動經偈)

주위산진등정안 珠爲山珍登淨案

약인요병사금병 藥因療病瀉金瓶

대승법력난사의 大乘法力難思議

약천망령전차경 若薦亡靈轉此經

염화게(拈花偈)

화과일시동묘법 花果一時同妙法

염중상정역여연 染中常淨亦如然

금장수타부용예 今將數朶芙蓉蘂

공양영산법보전 供養靈山法寶前

산화락 (三說)

散花落

※ 거령산을 짓소리로 창화하고、 인례목탁에 맞추어 재자는 경함을 정대(頂戴)하여 도량을 돌며 상단으로 나아간다。

거령산(擧靈山)

※ 거령산(擧靈山)을 짓소리로 거행할 경우 세 번째는 다음과 같이 하여 창화한다。

**나무 영산회상 불보살** (三說)
南無 靈山會上 佛菩薩

(나무 영산회상 일체제불제대보살마하살)
(南無 靈山會上 一切諸佛諸大菩薩摩訶薩)

찬경게 (讚經偈)

**묘경공덕설난진 불불임종최후담 산호해묵허공지 일자법문서불함**
妙經功德說難盡 佛佛臨終最後談 山毫海墨虛空紙 一字法門書不咸

● 금은전 · 경함이운(金銀錢 · 經函移運)

옹호게(擁護偈)

팔부금강호도량   공신속부보천왕   삼계제천함래집   여금불찰보정상
八部金剛護道場   空神速赴報天王   三界諸天咸來集   如今佛刹補楨祥

※ 금은전이운게 시 재자가 전함을 머리에 이거나 정대(頂戴)한다.

금은전이운게(金銀錢移運偈)

수도금은산부동   불번천제명과아   인간지작명간보   진시여래묘력다
誰道金銀山不動   不煩天帝命夸娥   人間紙作冥間寶   儘是如來妙力多

산화락 (三說)
散花落

나무마하반야바라밀 (三說)
南無摩訶般若波羅蜜

경함이운게(經函移運偈)

묘법하수별처토   화화초초노전기   인인불식원주재   야사능인권폐의
妙法何須別處討   花花草草露全機   人人不識圓珠在   也使能仁捲蔽衣

74

동경게(動經偈)

주위산진등정안　약인요병사금병　대승법력난사의　약천망령전차경
珠爲山珍登淨案　藥因療病瀉金瓶　大乘法力難思議　若薦亡靈轉此經

염화게(拈花偈)

화과일시동묘법　염중상정역여연　금장수타부용예　공양영산법보전
花果一時同妙法　染中常淨亦如然　今將數朵芙蓉蘂　供養靈山法寶前

산화락　(三說)
散花落

※ 거령산을 짓소리로 창화하고, 인례목탁에 맞추어 재자는 금은전과 경함을 머리에 이고 도량을
돌며 단(壇)으로 나아간다.

거령산(擧靈山)

나무 영산회상 불보살　(三說)
南無 靈山會上 佛菩薩

※ 거령산(擧靈山)을 짓소리로 거행할 경우 세 번째는 다음과 같이 하여 창화한다.

(나무 영산회상 일체제불제대보살마하살)
(南無 靈山會上 一切諸佛諸大菩薩摩訶薩)

※ 단에 당도하여 금은전을 다 옮겨 놓을 때까지 헌전진언을 지송한다.

**헌전진언** 獻錢眞言

옴 아자나 훔 사바하 (百八遍)

화지성전겸비수 化紙成錢兼備數

**헌전게 (獻錢偈)**

퇴퇴정사백은산 堆堆正似白銀山

금장봉헌명관중 今將奉獻冥官衆

물기망망광야간 勿棄茫茫曠野間

묘경공덕설난진 妙經功德說難盡

**찬경게 (讚經偈)**

불불임종최후담 佛佛臨終最後談

산호해묵허공지 山毫海墨虛空紙

일자법문서불함 一字法門書不咸

# ● 괘불이운(掛佛移運)

## 옹호게(擁護偈)

팔부금강호도량 八部金剛好道場
공신속부보천왕 空神速赴報天王
삼계제천함래집 三界諸天咸來集
여금불찰보정상 如今佛刹補禎詳

## 찬불게(讚佛偈)

진묵겁전조성불 塵墨劫前早成佛
위도중생현세간 爲度衆生現世間
외외덕상월륜만 巍巍德相月輪滿
어삼계중작도사 於三界中作導師

## 출산게(出山偈)

외외낙낙정나나 巍巍落落淨裸裸
독보건곤수반아 獨步乾坤誰伴我
약야산중봉자기 若也山中逢子期
기장황엽하산하 豈將黃葉下山下

## 염화게(拈花偈)

보살제화헌불전 菩薩提花獻佛前
유래차법자서천 由來此法自西天
인인본구종난시 人人本具終難恃
만행신개대복전 萬行新開大福田

## 산화락 (三說)

散花落

거령산(擧靈山)

나무 영산회상 불보살 (三說)
南無 靈山會上 佛菩薩

※ 거령산(擧靈山)을 짓소리로 거행할 경우 세 번째는 다음과 같이 하여 창화한다.

(나무 영산회상 일체제불제대보살마하살)
(南無 靈山會上 一切諸佛諸大菩薩摩訶薩)

등상게(登床偈)

변등사자좌 遍登獅子座 준준제중생 蠢蠢諸衆生
공림시방계 共臨十方界 인도연화계 引導蓮花界

사무량게(四無量偈)

대자대비민중생 大慈大悲愍衆生 상호광명이자엄 相好光明以自嚴
대희대사제함식 大喜大捨濟含識 중등지심귀명례 衆等至心歸命禮

영산지심(靈山志心)

지심귀명례 영산회상 염화시중 시아본사 석가모니불 (三說)
志心歸命禮 靈山會上 拈花示衆 是我本師 釋迦牟尼佛

유원영산애민 수아정례
唯願靈山哀愍 受我頂禮

묘보리좌승장엄　제불좌이성정각　아금헌좌역여시　자타일시성불도
妙菩提座勝莊嚴　諸佛坐已成正覺　我今獻座亦如是　自他一時成佛道

헌좌진언
獻座眞言

옴 바아라 미나야 사바하 (三遍)

다게(茶偈)

금장묘약급명다　봉헌영산대법회　부감단나건간심
今將妙藥及茗茶　奉獻靈山大法會　俯鑑檀那虔懇心

원수애납수　원수애납수　원수자비애납수
願垂哀納受　願垂哀納受　願垂慈悲哀納受

보공양진언
普供養眞言

옴 아아나 삼바바 바아라 훔 (三遍)

건회소(建會疏)

수설대회소
修設大會所

절이 담화영리 감경향성지심 각수음중 가식생방지복 법개경장 승집정람 내필
切以 雲花影裡 堪傾向聖之心 覺樹陰中 可植生方之福 法開經藏 僧集精藍 乃茲

추역련지원 실단나귀투지지 혹위평안이작공 혹내추천이수재 기의보방 선배성
篤歷鍊之願 實檀那歸投之地 或爲平安而作供 或乃追薦以修齋 旣依實坊 先培聖

덕자 개문법신담적 호왈비로 상이무위 응연부동 시신 즉유회수 거사바세계
德者 蓋聞法身湛寂 號曰毘盧 常爾無爲 凝然不動 是辰 卽有會首 據 娑婆世界

모처 모산 모사 청정수월도량 금차 지극지정성 (축원 운운) 우복이 향풍산처
某處 某山 某寺 淸淨水月道場 今此 至極至精誠 (祝願 云云) 右伏以 香風散處

외외신 이어단장 옥패명시 소소성 전어감전 공유삼보 위작증명 근소
巍巍身 菶於壇場 玉珮鳴時 蕭蕭聲 傳於紺殿 恭惟三寶 爲作證明 謹疏

불기 년 월 일 병법사문 모 근소
佛紀 年 月 日 秉法沙門 某 謹疏

# 영산재

靈山齋

■ 엄정의식 (嚴淨儀式)

할향(喝香)

옥부삭성산세용　요천비공실요문
玉斧削成山勢聳　撩天鼻孔悉遙聞

금로설처서연농　계정혜향훈법계
金爐爇處瑞烟濃　戒定慧香薰法界

연향게(燃香偈)

계정혜해지견향　원차향연역여시
戒定慧解知見香　願此香烟亦如是

변시방찰상분복　훈현자타오분신
徧十方刹常氛馥　熏現自他五分身

할등(喝燈)

달마전등위계활　등등상속방불멸
達摩傳燈爲計活　燈燈相續方不滅

종사병촉작가풍　대대유통진조종
宗師秉燭作家風　代代流通振祖宗

연등게(燃燈偈)

대원위주대비유　대사위화삼법취
大願爲炷大悲油　大捨爲火三法聚

보리심등조법계　아아훔 조제군생원성불
菩提心燈照法界　阿阿吽 照諸群生願成佛

## 할화 (喝花)

모란화왕함묘유 牧丹花王舍妙有

작약금예체분방 芍藥金蘂體芬芳

함담홍련동염정 菡萏紅蓮同染淨

갱생황국상후신 更生黃菊霜後新

## 서찬게 (舒讚偈)

아금신해선근력 我今信解善根力

급여법계연기력 及與法界緣起力

불법승보가지력 佛法僧寶加持力

소수선사원원만 所修善事願圓滿

## 불찬 (佛讚)

자재치성여단엄 自在熾盛與端嚴

명칭길상급존귀 名稱吉祥及尊貴

여시육덕개원만 如是六德皆圓滿

응당총호바가범 應當摠號薄伽梵

## 대직찬 (大直讚)

진법성 시기신 구경각 위기지 거연화대장 호비로자나 어천백억석가 독위기주
眞法性 是其身 究竟覺 爲其智 踞蓮花臺藏 號毘盧遮那 於千百億釋迦 獨爲其主

어항하사국토 통세거존 연내 합진여이부대 전재일일모단 처미진이불소 즉변
於恒河沙國土 統世居尊 然乃 合眞如而不大 全在一一毛端 處微塵而不小 即遍

회회법계 진시방 작대신변 철삼세 방대광명 섭법성 십신상작 응지위 육근호
恢恢法界 盡十方 作大神變 徹三世 放大光明 攝凡聖 十身相作 應地位 六根互

용 십찰미진수보살 계수상수 백만아승지제천 건심위요
用 十刹微塵數菩薩 稽首常隨 百萬阿僧祇諸天 虔心圍繞

지심신례 불타야 양족존
至心信禮 佛陀耶 兩足尊

삼각원 만덕구 천인아 조어사 아아훔 범성대자부 종진계 등응지 비화보 수궁
三覺圓 萬德具 天人阿 調御師 阿阿吽 凡聖大慈父 從眞界 等應持 悲化報 竪窮

아 삼제시 횡변시방처 진법뇌 명법고 광부아 권실교 아아훔 대개방편로 약귀
阿 三際時 橫徧十方處 震法雷 鳴法鼓 廣敷阿 權實教 阿阿吽 大開方便路 若歸

의 능소멸 지옥고 (擊衆繞匝)
依 能消滅 地獄苦

법찬(法讚)
契經應頌與授記

계경응송여수기 풍송자설급연기 본사본생역방광 미증비유병논의
諷誦自說及緣起 本事本生亦方廣 未曾譬喻幷論議

중직찬(中直讚)

방광요의 원각법문 만억항사제불 재정토중 동설삼세여래지소수호 제경안목
方廣了義 圓覺法門 萬億恒沙諸佛 在淨土中 同說三世如來之所守護 諸經眼目

원돈교문
圓頓教門

지심신례 달마야 이욕존
至心信禮 達摩耶 離欲尊

보장취 옥함축 결집아어서역 아아훔 번역전동토 조사홍현철 판성장소 삼승아
實藏聚 玉函軸 結集阿於西域 阿阿吽 飜譯傳東土 祖師弘賢哲 判成章疏 三乘阿

분돈점 오교정종취 귀신흠 용천호 도미아 표월지 아아훔 제열침감로 약귀의
分頓漸 五敎定宗趣 鬼神欽 龍天護 導迷阿 標月指 阿阿吽 除熱斟甘露 若歸依

능소멸아귀고 (擊衆繞匝)
能消滅餓鬼苦

승찬(僧讚)

등지삼현병사과 보살성문연각승 무색성중현색성 대비위체이군생
等地三賢幷四果 菩薩聲聞緣覺僧 無色聲中現色聲 大悲爲體利群生

소직찬(小直讚)

문수시 불지사 주어신해증지 보현표 법계체 주어비원이행 십이상수 십만도속
文殊是 佛之師 主於信解證智 普賢表 法界體 主於悲願理行 十二上首 十萬徒屬

동주여래 평등법회 실교삼보 정토법연 외외호 황황언 형출사의지표야
同住如來 平等法會 實敎三寶 淨土法筵 巍巍乎 晃晃焉 逈出思議之表也

지심신례 승가야 중중존
至心信禮 僧伽耶 衆中尊

오덕사 육화려 이생아위사업 아아훔 홍법시가무 피요진 상연좌 적정처 차신
五德師 六和侶 利生阿爲事業 阿阿吽 弘法是家務 避擾塵 常宴坐 寂靜處 遮身

아불취의 阿拂毲衣 충장채신우 充腸採莘芋 발항룡 鉢降龍 석해호 錫解虎 법등아상변조 法燈阿常徧照 아아훔 阿阿吽 조인상전부 祖印相傳付 약귀의 若歸依

능소멸방생고 能消滅傍生苦 (繞匝鳴鈸后 開啓疏)

개계소(開啓疏)

(피봉식) (皮封式) 소청문소 배헌시방삼보자존 召請文疏 拜獻十方三寶慈尊

석가여래 유교제자 봉행가지 병법사문 모 근봉 釋迦如來 遺教弟子 奉行加持 秉法沙門 某 謹封

수설대회소 修設大會所

개문 각황수교 현성부지 욕포생사지원 수가자비지력 유시 의경작법 준교가지 蓋聞 覺皇垂教 賢聖扶持 欲抛生死之源 須假慈悲之力 由是 依經作法 準教加持

건무애지도량 계굉통지불사 소청즉 대배번개 요영즉 광열향화 불성선이사계 建無碍之道場 啓宏通之佛事 召請則 大排幡蓋 邀迎則 廣列香花 佛聲宣而沙界

청량 법고명이시방영정 단장대계 궤범홍진 욕존성현지의 수뢰계백지의 금유 清凉 法鼓鳴而十方寧靜 壇場大啓 軌範弘陳 欲尊聖賢之儀 須賴啓白之意 今有

차일 사바세계 남섬부주 동양 대한민국 모사 청정수월도량 금차지극지정성 此日 裟婆世界 南瞻部洲 東洋 大韓民國 某寺 清淨水月道場 今此至極至精誠

영산재 동참발원재자 시회합원대중 복위 현증복수 당생정찰지원 금즉 도량엄

靈山齋 同參發願齋者 時會合院大衆 伏爲 現增福壽 當生淨刹之願 今則 道場嚴

판 의궤장행 당법연수건지시 내불사초진지제 근구법사 개열우후 운가지행도

辨 依軌將行 當法筵首建之時 乃佛事初陳之際 謹具法事 開列于后 云加持行道

법사일석등 우복이 법음요량 상경구정지천 나발훤굉 하진팔한지옥 관용즉변

法事一席等 右伏以 法音嘹喨 上驚九頂之天 螺鈸喧轟 下震八寒之獄 寬容則遍

주사계 광포즉영만시방 삼도팔난이첨은 육취사생이획익 앙유 대각증명 표선

周沙界 廣包則盈滿十方 三途八難以霑恩 六趣四生而獲益 仰唯 大覺證明 表宣

근소

謹疏

불기 년 월 일 병법사문 모 근소

佛紀 年 月 日 秉法師門 某 謹疏

합장게(合掌偈)

합장이위화

合掌以爲花

신위공양구

身爲供養具

성심진실상

誠心眞實相

찬탄향연부

讚歎香煙覆

고향게(告香偈)

향연변부삼천계

香烟遍覆三千界

정혜능개팔만문

定慧能開八萬門

유원삼보대자비

唯願三寶大慈悲

문차신향임법회

聞此信香臨法會

개계(開啓)

절이 법연광계 성의정건 욕영제성이내림 수가팔방지청정 시수야 곤륜타수 하
切以 法筵廣啓 誠意精虔 欲迎諸聖以來臨 須假八方之淸淨 是水也 崑崙朶秀 河

한유방 연화향리벽파한 양류초두감로쇄 봉도지삼산대읍 조계지일파장류 고상
漢流芳 蓮花香裡碧波寒 楊柳梢頭甘露灑 蓬島之三山對揖 曹溪之一波長流 鼓祥

풍이옥추천강 번취우이은퇴사독 우문춘란 어투삼층 장해추고 붕박만리 칠보
風而玉皺千江 飜驟雨而銀堆四瀆 禹門春暖 魚透三層 莊海秋高 鵬博萬里 七寶

지중표옥자 구룡구리욕금신 군생자차윤초고 천지인자소구예 고빙법수 보쇄법
池中標玉子 九龍口裡欲金身 群生籍此潤焦枯 天地因玆消垢穢 故憑法水 普灑法

연 척제만겁지혼몽 영획일진지청정
筵 滌除萬劫之昏蒙 永獲一眞之淸淨

관음찬(觀音讚)

반문문성오원통 관음불사관음호 상동자력하동비 삼십이응변진찰
返聞聞性悟圓通 觀音佛賜觀音號 上同慈力下同悲 三十二應遍塵刹

관음청(觀音請)

나무일심봉청 천수천안 대자대비 관세음자재보살마하살 유원불위본서 애민
南無一心奉請 千手千眼 大慈大悲 觀世音自在菩薩摩訶薩 唯願不違本誓 哀憫

유정 강림도량 가지주수 (三請)
有情 降臨道場 加持呪水

향화청 (三說)
香花請

산화락 (三說)
散花落

내림게 (來臨偈)

원강도량 수차공양 (三說)
願降道場 受此供養

가영 (歌詠)

작야보타관자재
昨夜補陀觀自在
금일강부도량중
今日降赴道場中
고아일심귀명정례
故我一心歸命頂禮

일엽홍련재해중
一葉紅蓮在海中
벽파심처현신통
碧波深處現神通

걸수게 (乞水偈)

금로분기일주향
金爐焚起一炷香
선청관음강도량
先請觀音降道場
원사병중감로수
願賜瓶中甘露水
소제열뇌획청량
消除熱惱獲清凉

쇄수게 (灑水偈)

관음보살대의왕 觀音菩薩大醫王　감로병중법수향 甘露瓶中法水香　쇄탁마운생서기 灑濯魔雲生瑞氣　소제열뇌획청량 消除熱惱獲清凉

복청게 (伏請偈) 或 복청대중 동음창화 신묘장구대다라니

복청대중 伏請大衆　용의엄정 用意嚴淨　광대원만 廣大圓滿　무애대비심 無礙大悲心　신묘장구대다라니 神妙章句大陀羅尼

신묘장구대다라니 神妙章句大多羅尼

나모라 다나 다라 야야 나막 알야 바로기제 새바라야 모지 사다바야 마하 사다바
야 마하 가로 니가야 옴 살바 바예수 다라나 가라야 다사명 나막 가리다바 이맘
알야 바로기제 새바라 다바 니라간타 나막 하리나야 마발다 이사미 살발타 사다
남 수반 아예염 살바 보다남 바바말아 미수다감 다냐타 옴 아로계 아로가 마지로
가 지가란제 혜혜하례 마하 모지 사다바 사마라 사마라 하리나야 구로구로 갈마
사다야 사다야 도로도로 미연제 마하 미연제 다라다라 다린나례 새바라 자라자라
마라 미마라 아마라 몰제 예혜혜 로계 새바라 라아 미사미 나사야 나베 사미 사
미 나사야 모하자라 미사미 나사야 호로호로 마라 호로 하례 바나마 나바 사라사
라 시리시리 소로소로 못자못자 모다야 모다야 메다리야 니라간타 가마사 날사남

사바하 바라 하리나야 마낙 사바하 싣다야 마하 싣다야 사바하 싣다유예 새바라

야 사바하 니라 간타야 사바하 바라하 목카 싱하 목카야 사바하

사바하 자가라 욕다야 사바하 상카 섭나네 모다나야 사바하

사바하 바마 사간타 이사 시체다 가릿나 이나야 사바하 먀가라 잘마 이바 사나야

사바하 「나모라 다나 다라 야야 나막 알야 바로기제 새바라야 사바하」 (三遍)

## 사방찬(四方讚)

일쇄동방결도량  이쇄남방득청량  삼쇄서방구정토  사쇄북방영안강
一灑東方潔道場  二灑南方得淸凉  三灑西方俱淨土  四灑北方永安康

## 엄정게(嚴淨偈)

도량청정무하예  삼보천룡강차지  아금지송묘진언  원사자비밀가호
道場淸淨無瑕穢  三寶天龍降此地  我今持誦妙眞言  願賜慈悲密加護

## 참회게(懺悔偈)

아석소조제악업  개유무시탐진치  종신구의지소생  일체아금개참회
我昔所造諸惡業  皆由無始貪瞋癡  從身口意之所生  一切我今皆懺悔

## 참회진언
懺悔眞言

옴 살바 못자모지 사다야 사바하 (三七遍)

□ 상단 · 중단 소청(上壇 · 中壇召請) □

■ 소청의식(召請儀式)

대회소(大會疏)

(피봉식) 소청문소 배헌시방삼보자존
(皮封式) 召請文疏 拜獻十方三寶慈尊

석가여래 유교제자 봉행가지 법사사문 모 근봉
釋迦如來 遺敎弟子 奉行加持 法師沙門 某 謹封

수설대회소
修說大會所

개문 진공본적 묘유번흥 의정호융 성범교철 기오미지파열 수고락지승침 반야
蓋聞 眞空本寂 妙有繁興 依正互融 聖凡交徹 旣悟迷之派列 遂苦樂之昇沈 般若

현전 보위입제어사성 진로미식 윤회영추어육범 업해망망 감수영병지고 유도
現前 寶位立齊於四聖 塵勞未息 輪廻永墜於六凡 業海茫茫 甘受泠騈之苦 幽道

요요 증무증구지방 불유지인 수위법사 시이 석가여래 수설광명지주 면연대사
擾擾 曾無拯救之方 不有至人 誰爲法事 是以 釋迦如來 首說光明之呪 面燃大士

조개감로지문 양무제 감봉신승 재수수륙 영선사 문전의제 복피유명 유자승회
助開甘露之門 梁武帝 感逢神僧 齋修水陸 英禪師 文傳儀濟 福彼幽冥 惟玆勝會

설대무차 說大無遮 하사가산 河沙可算 공덕난량 功德難量 금유차일 今有此日 (축원 云云 운운) 유시 由是 수륙회수 水陸會首 계대비심 啓大悲心

계사추천지신 屬斯追薦之辰 요명대승법사일위 邀命大乘法師一位 병법사리일원 秉法闍梨一圓 법사승중일단 法事僧衆一壇 택정금월모일야 擇定今月某日夜

취어 就於 모사 某寺 계건천지명양수륙대도량 啓建天地冥陽水陸大道場 기주야 幾晝夜 의법가지 依法加持 결방우계 潔方隅界 엄비향화 嚴備香花 수소 修疏

봉청대성대비 奉請大聖大悲 법보화삼신제불 法寶化三身諸佛 팔대보살 八大菩薩 오십이위제보살중 五十二位諸菩薩衆 삼승오교 三乘五教 심심법장 甚深法藏

오과사향 五果四向 나한벽지 羅漢辟支 십대명왕 十大明王 금강밀적 金剛蜜跡 호법선신 護法善神 차당소청 次當召請 삼계제천 三界諸天 석범사왕 釋梵四王

제천선중 諸天仙衆 오방상제 五方上帝 이십팔수 二十八宿 구요성군 九曜星君 일월이궁천자 日月二宮天子 내지 乃至 허공장보살지통섭 虛空藏菩薩之統攝

치성광여래지소강 熾盛光如來之所降 주천열요 周天列曜 일체성현 一切聖賢 차당봉청 次當奉請 대지신룡 大地神龍 오악성제 五岳聖帝 사해용왕 四海龍王

삼광수부 三光水府 제용신중 諸龍神衆 주풍주우지존 主風主雨之尊 주묘주가지재 主苗主稼之宰 수강호계 守彊護界 견뢰지신 堅牢地神 급요염마 及邀閻魔

라계 羅界 지부제왕 地府諸王 백관재요 百官宰僚 제귀왕중 諸鬼王衆 진음부계 盡陰俯界 일체신기 一切神祇 지옥수고 地獄受苦 제유정중 諸有情衆 차 次

급고왕인륜 及古往人倫 명군제왕 明君帝王 보필신요 輔弼臣僚 삼정구열 三貞九烈 효자순손 孝子順孫 위국망신 爲國亡身 선현후범 先賢後凡 인도지 凡人道之

중 中九流百家

구류백가 일체인중 병급구종횡요 십류고혼 삼악도중 제유정중 잉급시방법
一切人衆 並及九種橫夭 十類孤魂 三惡途中 諸有情衆 仍及十方法

계 의언부진 승침불일
界意言不盡 昇沈不一

계의언부진 승침불일 고락만단 미오심원 동기해탈 거차수륙회수 주영단나
苦樂萬端 未悟心源 同祈解脫 擧此水陸會首 主靈檀那

소신의자 제발각인
所伸意者 濟拔各人

소신의자 제발각인 조선부모 삼대가친 실휘망명 일체권속 총원불체명사 초생
祖先父母 三代家親 失諱亡名 一切眷屬 摠願不滯冥司 超生

정계 선당계개자
淨界 先當啓開者

정계 선당계개자 우복이 아난흥교 무제유풍 선금강정지총지 건만나라지승지
右伏以 阿難興敎 武帝遺風 宣金剛頂之摠持 建曼拏羅之勝地

유시 원친불택
由是 冤親不擇

유시 원친불택 개평등지법연 추천생천 건수륙지묘회 상명삼승지성중 도안희
開平等之法筵 追薦生天 建水陸之妙會 上命三乘之聖衆 道眼希

수 하첨오취지영기
垂下沾五趣之靈祇

수 하첨오취지영기 위광극비 금자회수 의망소생 개계공덕양유천 선망이생천
威光克備 今者會首 意望所生 開啓功德良有薦 先亡以生天

보현존지길경
保現存之吉慶

보현존지길경 연기고혼 구식구형 진시방삼계세간 응육도사생함식자 분향계수
然冀孤魂 具識具形 盡十方三界世間 應六道四生含識者 焚香稽首

향불경심 부무차무애지도량
向佛傾心 赴無遮無碍之道場

향불경심 부무차무애지도량 수유분유전지공덕 동구성과 공결홍연 구목양유
受有分有全之功德 同求聖果 共結洪緣 俱沐良由

제등각안 금당개계
齊登覺岸 今當開啓

제등각안 금당개계 앙망성자 경대금용 표선근소
仰望聖慈 敬對金容 表宣謹疏

불기 년 월 일
佛紀 年月日 秉法沙門

불기 년 월 일 병법사문 모 근소
某 謹疏

육거불(六擧佛、一名 法華擧佛)

나무 증청묘법 다보여래
南無 證聽妙法 多寶如來

나무 영산교주 석가모니불
南無 靈山敎主 釋迦牟尼佛

나무 극락도사 아미타불
南無 極樂導師 阿彌陀佛

나무 문수보현 대보살
南無 文殊普賢 大菩薩

나무 관음세지 대보살
南無 觀音勢至 大菩薩

나무 영산회상 불보살
南無 靈山會上 佛菩薩

삼보소(三寶疏)

소청문소 배헌시방삼보자존
(召請文疏 拜獻十方三寶慈尊)

(피봉식)
(皮封式)

석가여래 유교제자 봉행가지 법사사문 모 근봉
釋迦如來 遺教弟子 奉行加持 法師沙門 某 謹封

문 바가지존 심심법법장 위중생지호시 작인천지복전 귀투자 개몽이익 간도자
聞 薄伽至尊 甚深法藏 爲衆生之怙恃 作人天之福田 歸投者 皆蒙利益 懇禱者

제형길상 숙원불위 비련육취 유시 강수정이추월내림 신심생이제불실강 금유
齊亨吉祥 宿願不違 悲憐六趣 由是 江水淨而秋月來臨 信心生而諸佛悉降 今有

차일 (축원 운운) 특위추천 전항영혼 이빙불력 도탈시행 엄비향화 연도다과
此日 (祝願 云云) 特爲追薦 前項靈魂 以憑佛力 度脫施行 嚴備香花 然塗茶果

공양지의 소청시방법계 과현미래 상주삼보 금강밀적 십대명왕 제대성중 제석
供養之儀 所請十方法界 過現未來 常住三寶 金剛蜜跡 十大明王 諸大聖衆 帝釋

범왕 천룡팔부 일체호법 신기등중 근구자존 개열여후 우복이 자비보광 희사
梵王 天龍八部 一切護法 神祇等衆 謹具慈尊 開列如後 右伏以 慈悲普廣 喜捨

무궁 응물현형 인천강지추월 수심만원 수만훼지춘풍 민차군정 원수가호 금야
無窮 應物現形 印千江之秋月 隨心滿願 秀萬卉之春風 愍此群情 願垂加護 今夜

금시 강림도량 모모촉자용 무임간도 격절지지 흠유각황 표선근소
今時 降臨道場 某某冒觸慈容 無任懇禱 激切之至 欽惟覺皇 表宣謹疏

불기 년 월 일 병법사문 모 근소
佛紀 年月日 秉法沙門 某 謹疏

대청불(大請佛)

각조원명 운타심이감물 자비광대 개피안이도인 투기이진찰구림 응념이하사변
覺照圓明 運他心而鑑物 慈悲廣大 開彼岸以渡人 投機而塵刹俱臨 應念而河沙遍

집 시일 상운밀포 서기영공 일루진향주법계 수성청경투현관 중신격절 익려정
集 是日 祥雲蜜布 瑞氣盈空 一縷眞香周法界 數聲淸磬透玄關 重伸激切 益勵精

근 앙상자운지용 장진감로지미 건성예청 망사광림 만아원심 이제군품
勤 仰想慈雲之容 將陳甘露之味 虔誠禮請 望賜光臨 滿我願心 利濟群品

영산지심(靈山志心)

지심예청 영산회상 염화시중 시아본사 석가모니불 원강도량 수차공양
志心禮請 靈山會上 拈花示衆 是我本師 釋迦牟尼佛 願降道場 受此供養

가영(歌詠)

사고무인법불전 녹원학수양망연 처처명성현벽천 고아일심귀명정례
四顧無人法不傳 鹿苑鶴樹兩茫然 處處明星現碧天 故我一心歸命頂禮

조조대사생부세
朝朝大士生浮世

삼례청(三禮請)

일심예청 나무진허공 변법계 시방상주 일체불타야중 (종화) 유원자비 광림법회
一心禮請 南無盡虛空 徧法界 十方常住 一切佛陀耶衆 (衆和) 唯願慈悲 光臨法會

일심예청 一心禮請
나무진허공 변법계 시방상주 일체불타야중 (중화) 유원자비 광림법회
南無盡虛空 徧法界 十方常住 一切佛陀耶衆 (衆和) 唯願慈悲 光臨法會

일심예청 一心禮請
나무진허공 변법계 시방상주 일체달마야중 (중화) 유원자비 광림법회
南無盡虛空 徧法界 十方常住 一切達摩耶衆 (衆和) 唯願慈悲 光臨法會

일심예청 一心禮請
나무진허공 변법계 시방상주 일체승가야중 (중화) 유원자비 광림법회
南無盡虛空 徧法界 十方常住 一切僧伽耶衆 (衆和) 唯願慈悲 光臨法會

## 사부청(四府請) - 중단청

일심예청 一心禮請
삼계사부 주집음양 권형조화 이발보리심 일체성중 유원자비광림법회
三界四府 主執陰陽 權衡造化 已發菩提心 一切聖衆 唯願慈悲光臨法會

※ 단청불은 약례청으로、대청불・삼례청・사부청을 생략하고 간단히 청할 때 거행한다.

(약칙 자대청불 지사부청 개제치 단청불가야)
(略則 自大請佛 至四府請 皆除置 單請佛可也)

## 단청불(單請佛)

봉청시방삼세불 용궁해장묘만법 보살연각성문중 불사자비원강림
奉請十方三世佛 龍宮海藏妙萬法 菩薩緣覺聲聞衆 不捨慈悲願降臨

■ 헌좌안위(獻座安位)

헌좌게(獻座偈)

묘보리좌승장엄　제불좌이성정각　아금헌좌역여시　자타일시성불도
妙菩提座勝莊嚴　諸佛坐已成正覺　我今獻座亦如是　自他一時成佛道

헌좌진언
獻座眞言

옴 바아라 미나야 사바하 (三遍)

다게(茶偈)

아금지차일완다　봉헌영산대법회　부감단나건간심
我今持此一椀茶　奉獻靈山大法會　俯鑑檀那虔懇心

원수애납수　원수애납수　원수자비애납수
願垂哀納受　願垂哀納受　願垂慈悲哀納受

(약칙다게후　보공양주　회향주　퇴공진언　광칙일체공경)
(略則茶偈後　普供養呪　回向呪　退供眞言　廣則一切恭敬)

일체공경(一切恭敬)

일심정례　시방상주불
一心頂禮　十方常住佛

일심정례　시방상주법
一心頂禮　十方常住法

일심정례　시방상주승
一心頂禮　十方常住僧

## 향화게(香花偈)

시제중등 각각호궤 엄지향화 여법공양 공양시방 법계삼보
是諸衆等　各各胡跪　嚴持香花　如法供養　供養十方　法界三寶

## 향화운심게(香花運心偈)

원차향화변법계 이위미묘광명대 제천음악천보향 제천효선천보의
願此香花遍法界　以爲微妙光明臺　諸天音樂天寶香　諸天餚饍天寶衣

불가사의묘법진 일일진출일체불 일일진출일체법 선전무애호장엄
不可思議妙法塵　一一塵出一切佛　一一塵出一切法　旋轉無碍好莊嚴

변지일체불토중 시방법계삼보전 개유아신수공양 일일개실변법계
遍至一切佛土中　十方法界三寶前　皆有我身修供養　一一皆悉遍法界

피피무잡무장애 진미래제작불사 보훈일체제중생 몽훈개발보리심
彼彼無雜無障碍　塵未來際作佛事　普熏一切諸衆生　蒙熏皆發菩提心

동입무생증불지 (繞匝) 공양이 귀명례삼보
同入無生證佛智　供養已　歸命禮三寶

## 보공양진언 옴 아아나 삼바바 바라 훔 (三遍)
普供養眞言

※ 설법을 하지 않을 경우 ⇨ p.一〇九. 욕건만나라선송 정법계진언

(종두 이반 봉단상소정향로여합 치회주전 회주 자염향 지법화삼매편필 인도 십념 차정대게운
鍾頭 以槃 奉壇上所呈香爐與榼 置會主前 會主 自拈香 至法華三昧篇畢 咽導 十念 次頂戴偈云)

정대게 (頂戴偈)

제목미창경겁수　비양일구절도산
題目未唱傾劍樹　非揚一句折刀山

운심소진천생업　하황염래정대인
運心消盡千生業　何況拈來頂戴人

개경게 (開經偈)

무상심심미묘법　백천만겁난조우
無上甚深微妙法　百千萬劫難遭遇

아금문견득수지　원해여래진실의
我今聞見得受持　願解如來眞實義

개법장진언
開法藏眞言

옴 아라남 아라다 (三遍)

십념 (十念)

청정법신비로자나불
清淨法身毘盧遮那佛

원만보신노사나불
圓滿報身盧舍那佛

천백억화신석가모니불
千百億化身釋迦牟尼佛

구품도사아미타불
九品導師阿彌陀佛

당래하생미륵존불
當來下生彌勒尊佛

시방삼세일체제불
十方三世一切諸佛

시방삼세일체존법　十方三世一切尊法

대지문수사리보살　大智文殊師利菩薩　　대행보현보살　大行普賢菩薩

대비관세음보살　大悲觀世音菩薩　　대원본존지장보살　大願本尊地藏菩薩　　제존보살마하살　諸尊菩薩摩訶薩

마하반야바라밀　摩訶般若波羅蜜

※ 약례 시 거량(擧揚)을 생략하고 바로 청법게(請法偈)를 거행한다。청법게 ⇩ p。一〇五。

## 거량(擧揚)

거사바세계 據娑婆世界　남섬부주 南贍部洲　동양 東洋　대한민국 大韓民國　모처 某處　모산하 某山下　모사 某寺　청정수월도량 清淨水月道場

원아금차 願我今此　지극지성 至極至誠　○○재시 ○○齋時　청법재자 請法齋者

지신 至信　모처거주 某處居住　모인복위 某人伏爲　모인영가 某人靈駕　재당○○재 齋堂○○齋　위주 偏主

상세선망부모 上世先亡父母　다생사장 多生師長　누세종친 累世宗親　제형숙백 弟兄叔伯　자매질손 姉妹姪孫

일체친속등 一切親屬等　각열위열명영가 各列位列名靈駕　내지 乃至　철위산간 鐵圍山間　오무간지옥 五無間地獄　일일일야 一日一夜　만사만생 萬死萬生　만 萬

일체친속등 一切親屬等　각열위열명영가 各列位列名靈駕　차도량내외 此道場內外　동상동하 洞上洞下　일체유주무주고혼 一切有主無主孤魂　제 諸

반고통 般苦痛　수고함령등중 受苦含靈等衆　각열위영가 各列位靈駕

불자등 각각열위열명영가
佛者等 各各列位列名靈駕

## 착어(着語)

아유일권경 불인지묵성 전개무일자 상방대광명 상래소청 제불자등 각열위영
我有一卷經 不因紙墨成 展開無一字 常放大光明 上來召請 諸佛子等 各列位靈

가환회득 차상방광명저 일구마 (양구) 차일착자 석가미출세 인인비공요천 달
駕還會得 此常放光明底 一句麼 (良久) 此一着子 釋迦未出世 人人鼻孔撩天 達

마미도시 개개각근점지 금일산승 이일병금추 타파불조신훈과구 현출령가본래
磨未到時 個個脚跟點地 今日山僧 以一柄金鎚 打破佛祖新熏窠臼 現出靈駕本來

면목 여미회득 비여암중보 무등불가견 불법무인설 수혜막능료 위여선양 대승
面目 如未會得 譬如暗中寶 無燈不可見 佛法無人說 雖慧莫能了 爲汝宣揚 大乘

경전 지심체청 지심체수
經典 志心諦聽 至心諦受

수위안좌 (受位安座)

금일 소청 모인영가등 제불자 각열위열명영가
今日 召請 某人靈駕等 諸佛子 各列位列名靈駕

수위안좌진언
受位安座眞言

옴 마니 군다니 훔훔 사바하 (三遍)

104

청법게 (請法偈)

차경심심의　대중심갈앙　유원대법사　광위중생설

此經甚深意　大衆心渴仰　唯願大法師　廣爲中生說

설법게 (說法偈)

일광동조팔천토　대지산하여고일　즉시여래미묘법　불수향외만심멱

一光東照八千土　大地山河如杲日　即是如來微妙法　不須向外謾尋覓

❋ 설　법

(설법을 마치고 나면)

나무서방대교주　무량수여래불　「나무아미타불」 (十念)

南無西方大教主　無量壽如來佛　南無阿彌陀佛

원공법계제중생　동입미타대원해　진미래제도중생　자타일시성불도

願共法界諸衆生　同入彌陀大願海　盡未來際度衆生　自他一時成佛道

원이차공덕　보급어일체　아등여중생　당생극락국　동견무량수　개공성불도

願以此功德　普及於一切　我等與衆生　當生極樂國　同見無量壽　皆共成佛道

옴 호로호로 사야 몰케 사바하 (三遍)

수경게(收經偈)

문경개오의초연 聞經開悟意超然
연처분명중구선 演處分明衆口宣
취사유래원부동 取捨由來元不動
방지월락불리천 方知月落不離天

사무량게(四無量偈)

대자대비민중생 大慈大悲愍衆生
대희대사제함식 大喜大捨濟含識
상호광명이자엄 相好光明以自嚴
중등지심귀명례 衆等至心歸命禮

귀명게(歸命偈)

시방진귀명 十方盡歸命
멸죄생정신 滅罪生淨信
원생화장계 願生華藏界
극락정토중 極樂淨土中

창혼(唱魂)

거 사바세계 남섬부주 동양 대한민국
據 娑婆世界 南贍部洲 東洋 大韓民國
모처거주 원아금차 지극지정성 천혼재자
某處居住 願我今此 至極至精誠 薦魂齋者
모인복위 소천선 모인영가 재당○○○재
某人伏爲 所薦先 某人靈駕 齋堂○○○齋
지신 당령복위 위주 상세선망부모 다생
至信 當靈伏爲 僞主 上世先亡父母 多生
모인복위 소천선
某人伏爲 所薦先

사장 누세종친 제형숙백 자매질손 일체친속등 각열위열명영가 차도량내외

師長 累世宗親 弟兄叔伯 姉妹姪孫 一切親屬等 各列位列名靈駕 此道場內外

동상동하 유주무주 운집고혼 제불자등 각열위열명영가 왕생서방안락찰

洞上洞下 有主無主 雲集孤魂 諸佛子等 各列位列名靈駕 往生西方安樂刹

※ 창혼 끝부분 「왕생서방안락찰」부터 이어서 지옥고작법을 거행한다.

※ 다음의 지옥고와 게송은 기존의 의식문에서는 수록되어 있지 않는 내용이나, 현행 영산재 설행시 전승되고 있는 의식이므로 본 의식문에 추가하였음을 밝힌다.

지옥고(地獄苦)

지옥고 아귀고 방생고
地獄苦 餓鬼苦 傍生苦

지옥 지옥고 아귀고 방생고
地獄 地獄苦 餓鬼苦 傍生苦

지옥 아귀고 방생고
地獄 餓鬼苦 傍生苦

지옥고 아귀고 방생고
地獄苦 餓鬼苦 傍生苦

지옥고 아귀고 방생고
地獄苦 餓鬼苦 傍生苦

곤륜삼계중 중생사차신 원생도솔천 보리무생존
崑崙三界中 衆生捨此身 願生兜率天 菩提無生尊

곤륜삼계중 중생사차신
崑崙三界中 衆生捨此身

(혹、곤륜삼계중 중생사차신 원생화장계 극락정토중)
(或、崑崙三界中 衆生捨此身 願生華藏界 極樂淨土中)

귀명례(歸命禮)

지심귀명례
至心歸命禮

(중화)
(衆和)

구원겁중 성등정각 상주영산 설법화경 아등본사석가모니불
久遠劫中 成等正覺 常住靈山 說法華經 我等本師釋迦牟尼佛

以上 說法儀式 終

108

□ 상단권공(上壇勸供) □

欲建曼拏羅先誦 淨法界眞言

욕건만나라선송 정법계진언　옴 남 (三七遍)

■ 가지변공(加持變供)

香羞羅列 齋者虔誠 欲求供養之周圓 須仗加持之變化 仰唯三寶 特賜加持

향수나열 재자건성 욕구공양지주원 수장가지지변화 앙유삼보 특사가지

「南無十方佛 南無十方法 南無十方僧」 (三說)

「나무시방불 나무시방법 나무시방승」 (三說)

無量威德 自在光明 勝妙力 變食眞言

무량위덕 자재광명 승묘력 변식진언

나막 살바다타 아다 바로기제 옴 삼바라 삼바라 훔 (三七遍)

施甘露水眞言

시감로수진언

나무 소로바야 다타아다야 다냐타 옴 소로소로 바라소로

바라소로 사바하 (三七遍)

一字水輪觀眞言

일자수륜관진언

옴 밤 밤 밤밤 (三七遍)

나무 사만다 못다남 옴 밤 (三七遍)

가지공양(加持供養)

상래 가지이흘 공양장진 원차향위해탈지견 원차수위감로제호 원차등위반야
上來 加持已訖 供養將進 願此香爲解脫知見 願此水爲甘露醍醐 願此燈爲般若

지광 원차식위법희선열 내지번화호열 다과교진 즉세제지장엄 성묘법지공양
智光 願此食爲法喜禪悅 乃至幡花互列 茶果交陳 卽世諦之莊嚴 成妙法之供養

자비소적 정혜소훈 이차향수 특신공양
慈悲所積 定慧所熏 以此香羞 特伸供養

■ 육법공양(六法供養)

향공양병찬(香供養幷讚)
薰成五分法王身

증축만년천자수 훈성오분법왕신
曾祝萬年天子壽

배헌해탈향(拜獻解脫香)
梅檀林裡占都魁
蘭麝叢中居上品

전단임리점도괴 난사총중거상품

계정진향 분기충천상 시주건성 설재금로방 경각인온 즉변만시방
戒定眞香 氣氣衝天上 施主虔誠 爇在金爐傍 頃刻氤氳 卽遍滿十方

석일야수 면난제재장 (중화) 유원 제불애민 수차공양
昔日耶輸 免難除災障 (衆和) 唯願 諸佛哀愍 受此供養

일점팔풍취부동　촌심만겁진장명　서천불조체상전　대지중생소흑암
一點八風吹不動　寸心萬刦鎭長明　西天佛祖遞相傳　大地衆生消黑暗

배헌반야등〔拜獻般若燈〕

등광층층　변조어대천　지혜심등　명요득자연　아금자연　만잔조장천
燈光層層　遍照於大千　智慧心燈　明了得自然　我今自然　滿盞照長天

광명파암　멸죄복무변　（중화）유원　제불애민　수차공양
光明破暗　滅罪福無邊　（衆和）唯願　諸佛哀愍　受此供養

화공양병찬〔花供養幷讚〕

칠보지중정국색　일지화리점천향　세존염기시제인　달마전래개오엽
七寶池中呈國色　一枝花裡點天香　世尊拈起示諸人　達摩傳來開五葉

배헌만행화〔拜獻萬行花〕

모란작약　연화위존귀　증여여래　친족진금체　구품지중　화생보리자
牡丹芍藥　蓮花爲尊貴　曾與如來　襯足眞金體　九品池中　化生菩提子

불석금전　매헌용화회　（중화）유원　제불애민　수차공양
不惜金錢　買獻龍華會　（衆和）唯願　諸佛哀愍　受此供養

과공양병찬（果供養幷讚）

복지재시금이숙 福地栽時今已熟　심화결처자연성 心花結處自然成　취중상점어원춘 就中常點御園春　직하공원보리과 直下共圓菩提果

배헌보리과（拜獻菩提果）

이내빈바 李奈蘋婆

금행반도 金杏盤桃

여지용안과 荔枝龍眼果　대엽임금 帶葉林檎

비파성쌍타 琵琶成雙朶　분비훈향 氣鼻熏香　성취자미다 成就滋味多

헌상여래좌 獻上如來座

（중화）유원 제불애민 수차공양
諸佛哀愍 受此供養

다공양병찬（茶供養幷讚）

벽옥병중은랑용 碧玉瓶中銀浪湧　황금전반설화비 黃金殿畔雪花飛

요천비공여문향 撩天鼻孔如聞香　구안설두방요미 具眼舌頭方了味

배헌감로다（拜獻甘露茶）

백초화엽 百草花葉　채취성다예 採取成茶藥

팽출옥구 烹出玉甌　양자강심수 楊子江心水

파암장주 破暗莊周　호접경몽회 蝴蝶驚夢廻

척거혼미 滌去昏迷　조주지자미 趙州知滋味

（중화）유원 제불애민 수차공양
諸佛哀愍 受此供養

미공양병찬(米供養拜讚)

가사중생개포만　능령만겁면기허　소타미미헌제천　향적상방정아불
假使衆生皆飽滿　能令萬劫免飢虛　酥陀美味獻諸天　香積上方呈我佛

배헌선열미(拜獻禪悅味)

식미소락　조출천주공　성도당초　목녀선래송　노모증장　탁재금반봉
食味酥酪　造出天廚供　成道當初　牧女先來送　老母曾將　托在金盤奉

헌상여래　대각석가존　(중화) 유원　제불애민　수차공양
獻上如來　大覺釋迦尊　(衆和) 唯願　諸佛哀愍　受此供養

※ 간략하게 할 경우 각집게(各執偈)를 생략하고 바로 가지게를 거행한다.

각집게 (各執偈)

원차일신화다신　일일신출백천신
願此一身化多身　一一身出百千身

각집향화등다과　(중화) 공양영산제불타
各執香花燈茶菓　(衆和) 供養靈山諸佛陀

각집향화등다과　(중화) 공양영산제달마
各執香花燈茶菓　(衆和) 供養靈山諸達摩

각집향화등다과　(중화) 공양영산제승가
各執香花燈茶菓　(衆和) 供養靈山諸僧伽

이차가지묘공구 以此加持妙供具 　 공양영산제불타 供養靈山諸佛陀

이차가지묘공구 以此加持妙供具 　 공양영산제달마 供養靈山諸達摩

이차가지묘공구 以此加持妙供具 　 공양영산제승가 供養靈山諸僧伽

실개수공발보리 悉皆受供發菩提 　 시작불사도중생 施作佛事度衆生

보공양진언 普供養眞言 　 옴 아아나 삼바바 바라 훔 (三遍)

보회향진언 普回向眞言 　 옴 삼마라 삼마라 미만나 사라마하 자거라바 훔 (三遍)

대원성취진언 大願成就眞言 　 옴 아모카 살바다라 사다야 시베 훔 (三遍)

보궐진언 補闕眞言 　 옴 호로호로 사야목계 사바하 (三遍)

탄백(歎白)

## 축원(祝願)

앙고 시방삼세 제망중중 무진삼보자존 불사자비 허수낭감 상래소수불공덕
仰告 十方三世 帝網重重 無盡三寶慈尊 不捨慈悲 許垂朗鑑 上來所修佛功德

회향삼처실원만 시이 사바세계 남섬부주 동양 대한민국 모사 청정수월도량
回向三處悉圓滿 是以 娑婆世界 南贍部洲 東洋 大韓民國 某寺 清淨水月道場

원아금차 지극지정성 ○○재 천혼재자 모처거주 모인복위 소천 모인영가 이차
願我今此 至極之精誠 ○○齋 薦魂齋者 某處居住 某人伏爲 所薦 某人靈駕 以此

인연공덕 앙몽제불보살 애민섭수지묘력 다겁생래 소작지죄업 실개소멸 부답
因緣功德 仰蒙諸佛菩薩 哀愍攝受之妙力 多劫生來 所作之罪業 悉皆消滅 不踏

명로 초생극락 구품연대 상품상생 친견미타 마정수기 돈오무생 법인지대원
冥路 超生極樂 九品蓮臺 上品上生 親見彌陀 摩頂授記 頓悟無生 法忍之大願

억원 금차지극지정성 불공발원재자 각각등보체 앙몽삼보대성존 가호지묘력
抑願 今此至極至精誠 佛供發願齋者 各各等保體 仰蒙三寶大聖尊 加護之妙力

이차인연공덕 신무일체병고액난 심무일체탐연미혹 영위소멸 사대강건 육근청
以此因緣功德 身無一切病苦厄難 心無一切貪戀迷惑 永爲消滅 四大强健 六根清

정 자손창성 수명장수 만사여의원만 성취지대원
淨 子孫昌盛 壽命長壽 萬事如意圓滿 成就之大願

연후원 항사법계 무량불자 동유화장장엄해 동입보리대도량 상봉화엄불보살
然後願 恒沙法界 無量佛子 同遊華藏莊嚴海 同入菩提大道場 常逢華嚴佛菩薩

항몽제불대광명 소멸무량중죄장 획득무량대지혜 돈성무상최정각 광도법계제
恒蒙諸佛大光明 消滅無量衆罪障 獲得無量大智慧 頓成無上最正覺 廣度法界諸

중생 이보제불막대은 세세상행보살도 구경원성살바야 마하반야바라밀
衆生 以報諸佛莫大恩 世世常行菩薩道 究竟圓成薩婆若 摩訶般若波羅蜜

※ 축원 대신 회심곡과 축원화청을 거행할 수 있다.

회심곡(回心曲) 云云

축원화청(祝願和請)

공덕공덕 상래소수불공덕
功德功德 上來所修佛功德

원만원만 회향삼처실원만
圓滿圓滿 回向三處悉圓滿

정유리광 상덕홍련 융궁현전 반지수의 계천입극 성덕대부
淨琉璃光 上德紅蓮 隆宮現前 攀枝樹依 繼天立極 聖德大敷

복원 성은광대 항위만승지지존 도안원명 영작천추지보감
伏願 聖恩廣大 恒爲萬乘之至尊 道眼圓明 永作千秋之寶鑑

형탈근진 속증낙방무량수 요명심지 해통화장석가존
逈脫根塵 速證樂邦無量壽 了明心地 該通華藏釋迦尊

자미장조어심궁 옥엽항부어상원
紫微長照於深宮 玉葉恒敷於上苑

천화지리 물부시강 만상함춘 화훼부무
天和地利 物阜時康 萬像含春 花卉敷茂

앙명어원 서애황도 풍이조 우이순 화등구수 맥수이지
仰鳴於苑 瑞靄皇都 風以調 雨以順 禾登九穗 麥秀二枝

관이경 민이환 문치승평 무언간과
官以慶 民以歡 文致昇平 武偃干戈

억조창생 고복어환중 광대불법 홍양어세외
億兆蒼生 鼓腹於寰中 廣大佛法 弘揚於世外

삼천계내 무비예의지강산 팔문장안 진시자비지도량
三千界內 無非禮義之江山 八門長安 盡是慈悲之道場

소유시방세계중 삼세일체인사자 아이청정신어의 일일변례진무여
所有十方世界中 三世一切人獅子 我以清淨身語意 一一徧禮盡無餘

팔황태평 사이불침 국태민안법륜전
八荒太平 四夷不侵 國泰民安法輪轉

법륜상전어무궁 국계항안어만세
法輪常轉於無窮 國界恒安於萬歲

원아금유차일 사바세계 남섬부주 모처거주 모인복위 소천 모인영가
願我今有此 娑婆世界 南贍部洲 某處居住 某人伏爲 所薦 某人靈駕

이차인연공덕 왕생극락지대원 함탈윤회지고뇌 공증불과지대원
以此因緣功德 往生極樂之大願 咸脫輪迴之苦惱 共增佛果之大願

금일 생축재자 모인 각각등보체
今日 生祝齋者 某人 各各等保體

명장명장수명장 수명즉세월이무궁 쾌락즉진사이막유
命長命長壽命長 壽命卽歲月以無窮 快樂則塵沙以莫有

공양자 하복이불성 예배자 하앙이불멸
供養者 何福而不成 禮拜者 何殃而不滅

일일유천상지경 시시무백해지재 상봉길경 불봉재해 재맹설산 복집운흥
日日有千祥之慶 時時無百害之災 相逢吉慶 不逢災害 災萌雪散 福集雲興

연후원 무변법계 유식함령 장차성현공덕 구성정각 토지가람호도량
然後願 無邊法界 有識含靈 仗此聖賢功德 俱成正覺 土地伽藍護道場

세세상행보살도 구경원성살바야 마하반야바라밀
世世常行菩薩道 究竟圓成薩婆若 摩訶般若波羅蜜

※영산재를 설행할 경우, 이후 중단권공[신중단권공]과 시식、삼단합송배송을 순서대로 거행한 후、시식과 봉송의식을 거행하면 된다. 다만 영산각배재를 모실 경우에는 **각배 운수청(p. 二〇一。)** 부터 바로 이어 거행하면 된다.

□ 중단권공(中壇勸供) □

● 신중단권공(神衆壇勸供)

진공진언 進供眞言

　　옴 반자 사바하 (三遍)

다게(茶偈)

이차청정향운공 以此淸淨香雲供　　봉헌옹호성중전 奉獻擁護聖衆前　　감찰아등건성례 鑑察我等虔誠禮

　　원수애납수 願垂哀納受　　원수애납수 願垂哀納受　　원수자비애납수 願垂慈悲哀納受

예참(禮懺)

지심정례공양 志心頂禮供養　　화엄회상 華嚴會上　　육색제천중 欲色諸天衆

지심정례공양 志心頂禮供養　　화엄회상 華嚴會上　　팔부사왕중 八部四王衆

지심정례공양 志心頂禮供養　　화엄회상 華嚴會上　　호법선신중 護法善神衆

唯願 神衆慈悲 擁護道場 悉皆受供發菩提 施作佛事 度衆生

유원 신중자비 옹호도량 실개수공발보리 시작불사 도중생

오공양(五供養)

上來加持已訖 供養將進 以此香需 特伸供養

상래가지이흘 공양장진 이차향수 특신공양

香供養燃香供養

향공양연향공양

燈供養燃燈供養　　茶供養仙茶供養

등공양연등공양　　다공양선다공양

果供養仙果供養　　米供養香米供養

과공양선과공양　　미공양향미공양

唯願神將 哀降道場 不捨慈悲 受此供養

유원신장 애강도량 불사자비 수차공양

보공양진언
普供養眞言

옴 아아나 삼바바 바라 훔 (三遍)

보회향진언
普回向眞言

옴 삼마라 삼마라 미만나 사라마하 자거라바 훔 (三遍)

금강심진언
金剛心眞言

옴 오룬이 사바하 (三遍)

예적대원만다라니
稽跡大圓滿陀羅尼

계수예적금강부 석가화현금강신 삼두노목아여검 팔비개집항마구
稽首穢跡金剛部 釋迦化現金剛身 三頭弩目牙如劍 八臂皆執降魔具

독사영락요신비 삼매화륜자수신 천마외도급망량 문설신주개포주
毒蛇瓔珞繞身臂 三昧火輪自隨身 天魔外道及魍魎 聞說神呪皆怖走

원승가지대위력 속성불사무상도
願承加持大威力 速成佛事無上道

옴 빌실구리 마하바라 한내 믹집믹 헤마니 미길미 마나세 옴 자가나 오심모
구리 훔훔훔 박박 박박박 사바하 (三遍)

항마진언
降魔眞言

아이금강삼등방편 신승금강반월풍륜
我以金剛三等方便 身乘金剛半月風輪

단상구방남자광명 소여무명소적지신
壇上口放喃字光明 燒汝無明所積之身

역칙천상공중지하 소유일체작제장난
亦勅天上空中地下 所有一切作諸障難

옹호도량역호시주
擁護道場亦護施主

불선심자개래호궤
不善心者皆來胡跪
청아소설가지법음
聽我所說加持法音

사제포악패역지심
捨諸暴惡悖逆之心
어불법중함기신심
於佛法中咸起信心

옴 소마니 소마니 훔 하리한나 하리한나 훔 하리한나 바나야 훔 아나야혹 바
아밤 바아라 훔 바탁 (三遍)

옹호도량역호시주
擁護道場亦護施主
강복소재
降福消災

제석천왕제구예진언
帝釋天王除垢穢眞言
아지부 데리나 아지부 데리나 미아데리나 오소데리나
아부다 데리나 구소데리나 사바하 (三遍)

십대명왕본존진언
十大明王本尊眞言
옴 호로호로 지따지따 반다반다 하나하나 아미리제 옴박 (三遍)

소청팔부진언
召請八部眞言
옴 살바 디바나 가아나리 사바하 (三遍)

122

摩訶般若波羅蜜多心經
마하반야바라밀다심경

관자재보살 행심반야바라밀다시 조견오온개공 도일체고액 사리자 색불이공
觀自在菩薩 行深般若波羅蜜多時 照見五蘊皆空 度一切苦厄 舍利子 色不異空

공불이색 색즉시공 공즉시색 수상행식 역부여시 사리자 시제법공상 불생불멸
空不異色 色即是空 空即是色 受想行識 亦復如是 舍利子 是諸法空相 不生不滅

불구부정 부증불감 시고공중무색 무수상행식 무안이비설신의 무색성향미촉법
不垢不淨 不增不減 是故空中無色 無受想行識 無眼耳鼻舌身意 無色聲香味觸法

무안계 내지무의식계 무무명 역무무명진 내지무노사 역무노사진 무고집멸도
無眼界 乃至無意識界 無無明 亦無無明盡 乃至無老死 亦無老死盡 無苦集滅道

무지역무득 이무소득고 보리살타 의반야바라밀다고 심무가애 무가애고 무유
無智亦無得 以無所得故 菩提薩埵 依般若波羅蜜多故 心無罣礙 無罣礙故 無有

공포 원리전도몽상 구경열반 삼세제불 의반야바라밀다고 득아뇩다라삼먁삼보
恐怖 遠離顛倒夢想 究竟涅槃 三世諸佛 依般若波羅蜜多故 得阿耨多羅三藐三菩

리 고지반야바라밀다 시대신주 시대명주 시무상주 시무등등주 능제일체고
提 故知般若波羅蜜多 是大神呪 是大明呪 是無上呪 是無等等呪 能除一切苦

진실불허 고설반야바라밀다주 즉설주왈
眞實不虛 故說般若波羅蜜多呪 即說呪曰

「아제아제 바라아제 바라승아제 모지 사바하」(三遍)

불설소재길상다라니
佛說消災吉祥陀羅尼

나무 사만다 못다남 아바라지 하다사 사나남 다냐타 옴 카카 카혜 카혜 훔훔
아바라 아바라 바라아바라 바라아바라 지따 지따 지리 지리 빠다 빠다 선지
가 시리예 사바하 (三遍)

## 화엄경 약찬게 (華嚴經 略纂偈)

대방광불화엄경 大方廣佛華嚴經
용수보살약찬게 龍樹菩薩略纂偈
나무화장세계해 南無華藏世界海
비로자나진법신 毘盧遮那眞法身

현재설법노사나 現在說法盧舍那
석가모니제여래 釋迦牟尼諸如來
과거현재미래세 過去現在未來世
시방일체제대성 十方一切諸大聖

근본화엄전법륜 根本華嚴轉法輪
해인삼매세력고 海印三昧勢力故
보현보살제대중 普賢菩薩諸大衆
집금강신신중신 執金剛神身衆神

족행신중도량신 足行神衆道場神
주성신중주지신 主城神衆主地神
주산신중주림신 主山神衆主林神
주약신중주가신 主藥神衆主稼神

주하신중주해신 主河神衆主海神
주수신중주화신 主水神衆主火神
주풍신중주공신 主風神衆主空神
주방신중주야신 主方神衆主夜神

주주신중아수라 主晝神衆阿修羅
가루라왕긴나라 迦樓羅王緊那羅
마후라가야차왕 摩睺羅伽夜叉王
제대용왕구반다 諸大龍王鳩槃茶

건달바왕월천자 乾達婆王月天子
일천자중도리천 日天子衆忉利天
야마천왕도솔천 夜摩天王兜率天
화락천왕타화천 化樂天王他化天

대범천왕광음천 大梵天王光音天
변정천왕광과천 遍淨天王廣果天
대자재왕불가설 大自在王不可說
보현문수대보살 普賢文殊大菩薩

법혜공덕금강당 法慧功德金剛幢
금강장급금강혜 金剛藏及金剛慧
광염당급수미당 光焰幢及須彌幢
대덕성문사리자 大德聲聞舍利子

급여비구해각등 及與比丘海覺等
우바새장우바이 優婆塞長優婆夷
선재동자동남녀 善財童子童男女
기수무량불가설 其數無量不可說

선재동자선지식 善財童子善知識
문수사리최제일 文殊舍利最第一
덕운해운선주승 德雲海雲善住僧
미가해탈여해당 彌伽解脫與海幢

휴사비목구사선 休舍毘目瞿沙仙
승열바라자행녀 勝熱婆羅慈行女
선견자재주동자 善見自在主童子
구족우바명지사 具足優婆明智士

법보계장여보안 法寶髻長與普眼
무염족왕대광왕 無厭足王大光王
부동우바변행외 不動優婆遍行外
우바라화장자인 優婆羅華長者人

바시라선무상승 婆施羅船無上勝
사자빈신바수밀 獅子嚬伸婆須密
비실지라거사인 毘瑟祗羅居士人
관자재존여정취 觀自在尊與正趣

대천안주주지신 大天安住主地神
바산바연주야신 婆珊婆演主夜神
보덕정광주야신 普德淨光主夜神
희목관찰중생신 喜目觀察衆生神

보구중생묘덕신 普救衆生妙德神
적정음해주야신 寂靜音海主夜神
수호일체주야신 守護一切主夜神
개부수화주야신 開敷樹華主夜神

대원정진력구호 大願精進力救護 / 묘덕원만구바녀 妙德圓滿瞿婆女 / 마야부인천주광 摩耶夫人天主光

현승견고해탈장 賢勝堅固解脫長 / 묘월장자무승군 妙月長者無勝軍 / 변우동자중예각 遍友童子衆藝覺

미륵보살문수등 彌勒菩薩文殊等 / 최적정바라문자 最寂靜婆羅門者 / 덕생동자유덕녀 德生童子有德女

어련화장세계해 於蓮華藏世界海 / 보현보살미진중 普賢菩薩微塵衆 / 상수비로자나불 常隨毘盧遮那佛

화장세계노사나 華藏世界盧舍那 / 조화장엄대법륜 造化莊嚴大法輪 / 어차법회운집래 於此法會雲集來

육육육사급여삼 六六六四及與三 / 일십일일역부일 一十一一亦復一 / 시방허공제세계 十方虛空諸世界

세주묘엄여래상 世主妙嚴如來相 / 역부여시상설법 亦復如是常說法 / 보현삼매세계성 普賢三昧世界成

여래명호사성제 如來名號四聖諦 / 광명각품문명품 光明覺品問明品 / 정행현수수미정 淨行賢首須彌頂

발심공덕명법품 發心功德明法品 / 보살십주범행품 菩薩十住梵行品 / 불승야마천궁품 佛昇夜摩天宮品

야마천궁게찬품 夜摩天宮偈讚品 / 십행품여무진장 十行品與無盡藏 / 도솔천궁게찬품 兜率天宮偈讚品

수미정상게찬품 須彌頂上偈讚品 / 십정십통십인품 十定十通十忍品 / 불승도솔천궁품 佛昇兜率天宮品

십회향급십지품 十迴向及十地品 / 아승지품여수량 阿僧祇品與壽量 / 보살주처불불사 菩薩住處佛不思

여래십신상해품 如來十身相海品 / 여래수호공덕품 如來隨好功德品 / 이세간품입법계 離世間品入法界

시위십만게송경 是爲十萬偈頌經

삼십구품원만교 三十九品圓滿敎

풍송차경신수지 諷誦此經信受持

초발심시변정각 初發心時便正覺

안좌여시국토해 安坐如是國土海

시명비로자나불 是名毘盧遮那佛

대원성취진언 大願成就眞言

보궐진언 補闕眞言

옴 아모카 살바다라 사다야 시베 훔 (三遍)

옴 호로호로 사야목계 사바하 (三遍)

탄백(歎白)

화엄성중혜감명 華嚴聖衆慧鑑明

사주인사일념지 四洲人事一念知

애민중생여적자 哀愍衆生如赤子

시고아금공경례 是故我今恭敬禮

축원(祝願)

절이 切以

화엄회상 제대현성 華嚴會上 諸大賢聖

첨수연민지지정 僉垂憐愍之至情

각방신통지묘력 各方神通之妙力

원아금차 지극지정 願我今此 地極之精

성불공발원재자 誠佛供發願齋者

모처거주 某處居住

모인보체 某人保體

앙몽제대성중 仰蒙諸大聖衆

가호지묘력 加護之妙力

소신정원즉 所神情願卽

일일유 천상지경 日日有 千祥之慶

시시무 백해지재 時時無 百害之災

심중소구소원 心中所求所願

여의원만 如意圓滿

형통지대원 亨通之大願

재고축 금차지극지성 불공발원재자 앙몽화엄성중 가호지묘력 참선자 의단독
再告祝 今此至極至誠 佛供發願齋者 仰蒙華嚴聖衆 加護之妙力 參禪者 疑團獨

로 염불자 삼매현전 간경자 혜안통투 병고자 즉득쾌차 직무자 수분성취지대
露 念佛者 三昧現前 看經者 慧眼通透 病苦者 即得快差 職務者 隨分成就之大

원 억원 동서사방 출입왕환 상봉길경 불봉재해 관재구설 삼재팔난 사백사병
願 抑願 東西四方 出入往還 常逢吉慶 不逢災害 官災口舌 三災八難 四百四病

영위소멸 각기 사대강건 육근청정 악인원리 귀인상봉 자손창성 부귀영화 만
永爲消滅 各其 四大强健 六根清淨 惡人遠離 貴人常逢 子孫昌盛 富貴榮華 萬

사일일 여의원만 성취지발원 연후원 처세간 여허공 여련화 불착수 심청청 초
事日日 如意圓滿 成就之發願 然後願 處世間 如虛空 如蓮華 不著水 心清清 超

어피 계수례 무상존 구호길상 마하반야바라밀
於彼 稽首禮 無上尊 俱護吉祥 摩訶般若波羅蜜

※ 다음은 식당작법을 거행하며, 이후 관음시식[혹은 전시식]과 배송[삼단합송규(三壇合送規)]을 끝으로 영산재를 회향한다. 다만 식당작법은 영산재에 동참한 승가(僧家)의 공양의식으로 재의 규모나 절차, 시간에 따라 설행순서가 달라질 수 있으며, 소수의 인원일 경우에는 생략할 수도 있다. 그러므로 편의상 영산재 마지막 부분에 수록하였다.

식당작법 ⇨ p. 一七三、 전시식 ⇨ p. 一四六。

● 관음시식(觀音施食)

거불(擧佛)

나무 원통교주 관세음보살
南無 圓通敎主 觀世音菩薩

나무 도량교주 관세음보살
南無 道場敎主 觀世音菩薩

나무 원통회상 불보살
南無 圓通會上 佛菩薩

창혼(唱魂)

거사바세계 남섬부주 동양 대한민국 모산하 모사 청정수월도량 금차 지극지
據娑婆世界 南贍部洲 東洋 大韓民國 某山下 某寺 淸淨水月道場 今此 至極至

정성 ○○재시 천혼재자 모처거주 모인복위 소천 모인영가 「재설·삼설」 재당
精誠 ○○齋時 薦魂齋者 某處居住 某人伏爲 所薦 某人靈駕 「再說。三說」齋堂

○○재 지신 모인영가복위 위주 상세선망부모 다생사장 누세종친 제형숙백자
○○齋 至信 某人靈駕伏爲 偏主 上世先亡父母 多生師長 累世宗親 弟兄叔伯姉

매질손 일체친속등 각열위영가 차사최초 창건이래 지어중건중수 화주시주도
妹姪孫 一切親屬等 各列位靈駕 此寺最初 創建以來 至於重建重修 化主施主 都

감별좌 불전내외 일용범제집물 대소결연 수위동참등 각열위열명영가 내지 철
監別座 佛前內外 日用凡諸什物 大小結緣 守衛同參等 各列位列名靈駕 乃至 鐵

위산간 오무간지옥 일일일야 만사만생 만반고통 수고함령등중 각열위영가 차도량내
圍山間 五無間地獄 一日一夜 萬死萬生 萬般苦痛 受苦含靈等衆 各列位靈駕 此道場內

급법계 사생칠취 삼도팔난 사은삼유 일체유식 함령등중 각열위영가 겸
及法界 四生七趣 三途八難 四恩三有 一切有識 含靈等衆 各列位靈駕 兼

외 동상동하 유주무주 침혼체백 일체애혼 고혼불자등 각각열위열명영가
外 洞上洞下 有主無主 沈魂滯魄 一切哀魂 孤魂佛子等 各各列位列名靈駕

## 착어(着語)

영원담적 무고무금 묘체원명 하생하사 변시 석가세존 마갈엄관지시절 달마대
靈源湛寂 無古無今 妙體圓明 何生何死 便是 釋迦世尊 摩竭掩關之時節 達摩大

사소림면벽지가풍 소이 니련하측 곽시쌍부 총령도중 수휴척리 제불자 환회
師少林面壁之家風 所以 泥蓮河側 槨示雙趺 蔥嶺途中 手携隻履 諸佛子 還會

득담적원명저 일구마 (양구) 부앙은현현 시청명력력 약야회득 돈증법신 영
得湛寂圓明底 一句麽 (良久) 俯仰隱玄玄 視聽明歷歷 若也會得 頓證法身 永

멸기허 기혹미연 승불신력 장법가지 부차향단 수아묘공 증오무생
滅飢虛 其或未然 承佛神力 仗法加持 赴此香壇 受我妙供 證悟無生

130

이차진령신소청 以此振鈴伸召請　명도귀계보문지 冥途鬼界普聞知　원승삼보력가지 願承三寶力加持　금일(야)금시내부회 今日(夜)今時來赴會

상래소청 제불자등 각열위열명영가
上來召請 諸佛子等 各列位列名靈駕

천수일편위고혼 千手一片爲孤魂

자광조처연화출 慈光照處蓮花出　혜안관시지옥공 慧眼觀時地獄空

지심제청 至心諦聽　우황대비신주력 又況大悲神呪力
지심제수 至心諦受　중생성불찰나중 衆生成佛刹那中

신묘장구대다라니
神妙章句大陀羅尼

나모라 다나 다라 야야 나막 알야 바로기제 새바라야 모지 사다바야 마하 사
다바야 마하 가로 니가야 옴 살바 바예수 다라나 가라야 다사명 나막 가리다
바 이맘 알야 바로기제 새바라 다바 니라간타 나막 하리나야 마발다 이사미
살발타 사다남 수반 아예염 살바 보다남 바바말아 미수다감 다냐타 옴 아로
계 아로가 마지로가 지가란제 혜혜하례 마하 모지 사다바 사마라 사마라 하
리나야 구로구로 갈마 사다야 사다야 도로도로 미연제 마하 미연제 다라다라

다린나레 새바라 자라자라 마라 미마라 아마라 몰제 예혜혜 로켸 새바라

아미사미 나사야 나베 사미 사미 나사야 모하자라 미사미 나사야 호로호로

마라 호로 하례 바나마 나바 사라사라 시리시리 소로소로 못자못자 모다야

모다야 메다리야 니라간타 가마사 날사남 바라 하리나야 마낙 사바하 싣다야

사바하 마하 싣다야 사바하 싣다유예 새바라야 사바하 니라 간타야 사바하

바라하 목카 싱하 목카야 사바하 바나마 하따야 사바하 자가라 욕다야 사바

하 상카 섭나네 모다나야 사바하 마하라 구타 다라야 사바하 바마 사간타 이

사 시체다 가릿나 이나야 사바하 먀가라 잘마 이바 사나야 사바하 「나모라

다냐 다라 야야 나막 알야 바로기제 새바라야 사바하」 (三遍)

약인욕요지
若人欲了知
삼세일체불
三世一切佛
응관법계성
應觀法界性
일체유심조
一切唯心造

파지옥진언
破地獄眞言
옴 가라지야 사바하 (三遍)

해원결진언
解冤結眞言
옴 삼다라 가닥 사바하 (三遍)

보소청진언
普召請眞言
나무 보보제리 가리다리 다타 아다야 (三遍)

나무상주시방불　나무상주시방법　나무상주시방승 (三說)

南無常住十方佛　南無常住十方法　南無常住十方僧

나무대자대비 구고관세음보살 (三說)

南無大慈大悲 救苦觀世音菩薩

나무대방광불화엄경 (三說)

南無大方廣佛華嚴經

증명청(證明請)

나무일심봉청 수경천층지보개 신괘백복지화만 도청혼어극락계중 인망령향벽

南無一心奉請 手擎千層之寶盖 身掛百福之華鬘 導清魂於極樂界中 引亡靈向碧

런대반 대성인로왕보살마하살 유원자비 강림도량 증명공덕 (三請)

蓮臺畔 大聖引路王菩薩摩訶薩 唯願慈悲 降臨道場 證明功德

향화청 (三說)

香花請

가영(歌詠)

수인온덕용신희 염불간경업장소

修仁蘊德龍神喜 念佛看經業障消

여시성현내접인 정전고보상금교

如是聖賢來接引 庭前高步上金橋

고아일심귀명정례

故我一心歸命頂禮

묘보리좌승장엄　제불좌이성정각　아금헌좌역여시　자타일시성불도
妙菩提座勝莊嚴　諸佛坐已成正覺　我今獻座亦如是　自他一時成佛道

헌좌진언　獻座眞言
옴 바아라 미나야 사바하 (三遍)

다게(茶偈)
금장감로다　今將甘露茶
봉헌증명전　奉獻證明前
감찰건간심　鑑察虔懇心
원수애납수　願垂哀納受
원수애납수　願垂哀納受
원수자비애납수　願垂慈悲哀納受

보공양진언　普供養眞言
옴 아아나 삼바바 바아라 훔 (三遍)

청사(請詞)
일심봉청　一心奉請
인연취산　因緣聚散
금고역연　今古亦然
허철광대　虛徹廣大
영통왕래　靈通往來
자재무애　自在無碍
원아금차　願我今此
지극지　至極之

정성　精誠
○○ 재　齋
천혼재자　薦魂齋者
모처거주　某處居住
모인복위　某人伏爲
소천선　所薦先
모인영가　某人靈駕
승불위광　承佛威光
내예향단　來詣香壇

수첩법공
受霑法供

청사(請詞)

일심봉청 실상이명 법신무적 종연은현 약경상지유무 수업승침 여정륜지고하
一心奉請 實相離名 法身無跡 從緣隱現 若鏡像之有無 隨業昇沈 如井輪之高下

묘변막측 환래하란 원아금차 지극지정성 ○○재 천혼재자 모처거주 모인복위
妙變莫測 幻來何難 願我今此 至極之精誠 ○○齋 薦魂齋者 某處居住 某人伏爲

소천선 모인영가 승불위광 내예향단 수첩향공
所薦先 某人靈駕 承佛威光 來詣香壇 受霑香供

청사(請詞)

일심봉청 약인욕식불경계 당정기의여허공 원리망상급제취 영심소향개무애 원
一心奉請 若人欲識佛境界 當淨基意如虛空 遠離妄想及諸趣 令心所向皆無碍 願

아금차 지극지정성 ○○재 천혼재자 모인복위 모인영가 영가복위위주 상세선
我今此 至極之精誠 ○○齋 薦魂齋者 某人伏爲 某人靈駕 靈駕伏爲爲主 上世先

망 사존부모 원근친척 누대종친 제형숙백 자매질손 일체무진 제불자등 각열
亡 師尊父母 遠近親戚 累代宗親 弟兄叔伯 姉妹姪孫 一切無盡 諸佛者等 各列

위열명영가 차도량내외 동상동하 유주무주 운집고혼 제불자등 각열위열명영
位列名靈駕 此道場內外 洞上洞下 有主無主 雲集孤魂 諸佛者等 各列位列名靈

가 도량내 위패명위등 각열위열명영가 내지 철위산간 오무간옥 일일일야 만

駕 道場內 位牌名位等 各列位列名靈駕 乃至 鐵圍山間 五無間獄 一日一夜 萬

사만생 수고함령등중 각열명영가 겸급법계 사생칠취 삼도팔난 사은삼유 일체

死萬生 受苦含靈等衆 各列名靈駕 兼及法界 四生七趣 三途八難 四恩三有 一切

유식 함령등중 각열위열명영가 승불위광 내예향단 수첨향등다미공

有識 含靈等衆 各列位列名靈駕 承佛威光 來詣香壇 受霑香燈茶米供

**향연청** (三說)

香烟請

**가영**(歌詠)

삼혼묘묘귀하처　칠백망망거원향

三魂杳杳歸何處　七魄茫茫去遠鄉

금일진령신소청　원부명양대도량

今日振鈴伸召請　願赴冥陽大道場

**보례삼보** (普禮三寶)

보례시방상주불　보례시방상주법　보례시방상주승

普禮十方常住佛　普禮十方常住法　普禮十方常住僧

수위안좌 (受位安座)

136

제불자등 각열위영가 상래 승불섭수 장법가지 기무수계이임연 원획소요이취

諸佛者等　各列位靈駕　上來　承佛攝受　仗法加持　旣無囚繫以臨筵　願獲逍遙而就

좌 하유안좌지게 대중수언후화

座 下有安座之偈　大衆受言後和

아금의교설화연 종종진수열좌전 대소의위차제좌 전심제청연금언

我今依教說華蓮　種種珍羞列座前　大小依位次第坐　專心諦聽演金言

**수위안좌진언**
受位安座眞言

옴 마니 군다니 훔훔 사바하 (三遍)

**다게(茶偈)**

백초임중일미신 조주상권기천인 팽장석정강심수
百草林中一味新　趙州常勸幾天人　烹將石鼎江心水

원사망령헐고륜
願使亡靈歇苦輪

원사고혼헐고륜
願使孤魂歇苦輪

원사제령헐고륜
願使諸靈歇苦輪

**선밀게(宣密偈)**

신전윤택 업화청량 각구해탈
身田潤澤　業火清凉　各求解脫

**선밀가지**
宣密加持

**변식진언**
變食眞言

나막 살바다타 아다 바로기제 옴 삼바라 삼바라 훔 (一七遍)

시감로수진언
施甘露水眞言

나무 소로바야 다타아다야 다냐타 옴 소로소로 바라소로
바라소로 사바하 (一七遍)

일자수륜관진언
一字水輪觀眞言

옴 밤 밤 밤밤 (一七遍)

유해진언
乳海眞言

나무 사만다 못다남 옴 밤 (一七遍)

칭양성호 (稱揚聖號)

나무 다보여래
南無 多寶如來
원제고혼 願諸孤魂
파제간탐 破除慳貪
법재구족 法財具足

나무 묘색신여래
南無 妙色身如來
원제고혼 願諸孤魂
이추루형 離醜陋形
상호원만 相好圓滿

나무 광박신여래
南無 廣博身如來
원제고혼 願諸孤魂
사육범신 捨六凡身
오허공신 悟虛空身

나무 이포외여래
南無 離怖畏如來
원제고혼 願諸孤魂
이제포외 離諸怖畏
득열반락 得涅槃樂

나무 감로왕여래
南無 甘露王如來
원아각각 願我各各
열명영가 列名靈駕
인후개통 咽喉開通
획감로미 獲甘露味

138

시식게(施食偈)

원차가지식 願此加持食
보변만시방 普遍滿十方　식자제기갈 食者除飢渴　득생안양국 得生安養國

시귀식진언 施鬼食眞言
옴 미기미기 야야미기 사바하 (三遍)

시무차법식진언 施無遮法食眞言
옴 목역능 사바하 (三遍)

보공양진언 普供養眞言
옴 아아나 삼바바 바아라 훔 (三遍)

보회향진언 普回向眞言
옴 삼마라 삼마라 미만나 사라마하 자거라바 훔 (三遍)

권반게(勸飯偈)

수아차법식 受我此法食
하이아난찬 何異阿難饌　기장함포만 飢腸咸飽滿　업화돈청량 業火頓淸凉

돈사탐진치 頓捨貪嗔癡
상귀불법승 常歸佛法僧　염념보리심 念念菩提心　처처안락국 處處安樂國

금강게(金剛偈)

범소유상  개시허망  약견제상비상  즉견여래

凡所有相  皆是虛妄  若見諸相非相  卽見如來

여래응공 정변지 명행족 선서 세간해 무상사 조어장부 천인사 불세존

여래십호(如來十號)

如來 應供 正遍智 明行足 善逝 世間解 無上士 調御丈夫 天人師 佛世尊

제법종본래  상자적멸상  불자행도이  내세득작불

법화게(法華偈)

諸法從本來  常自寂滅相  佛子行道已  來世得作佛

제행무상  시생멸법  생멸멸이  적멸위락

열반게(涅槃偈)

諸行無常  是生滅法  生滅滅已  寂滅爲樂

■ 장엄염불(莊嚴念佛)

원아진생무별념  아미타불독상수  심심상계옥호광  염념불리금색상

願我盡生無別念  阿彌陀佛獨相隨  心心常繫玉豪光  念念不離金色相

아집염주법계관  허공위승무불관  평등사나무하처  관구서방아미타

我執念珠法界觀  虛空爲繩無不貫  平等舍那無何處  觀求西方阿彌陀

140

나무서방대교주 南無西方大教主

무량수여래불 無量壽如來佛 「나무아미타불」 南無阿彌陀佛 （十念）

아미타불재하방 阿彌陀佛在何方　착득심두절막망 着得心頭切莫忘　염도념궁무념처 念到念窮無念處　육문상방자금광 六門常放紫金光

극락세계십종장엄 （極樂世界十種莊嚴）

법장서원수인장엄 法藏誓願修因莊嚴　사십팔원원력장엄 四十八願願力莊嚴　미타명호수광장엄 彌陀名號壽光莊嚴　삼대사관보상장엄 三大士觀寶像莊嚴

미타국토안락장엄 彌陀國土安樂莊嚴　보하청정덕수장엄 寶河清淨德水莊嚴　보전여의누각장엄 寶殿如意樓閣莊嚴　주야장원시분장엄 晝夜長遠時分莊嚴

이십사락정토장엄 二十四樂淨土莊嚴　삼십종익공덕장엄 三十種益功德莊嚴

석가여래팔상성도 （釋迦如來八相成道）

도솔래의상 兜率來儀相　비람강생상 毘藍降生相　사문유관상 四門遊觀相　유성출가상 踰城出家相

설산수도상 雪山修道相　수하항마상 樹下降魔相　녹원전법상 鹿苑轉法相　쌍림열반상 雙林涅槃相

각안기소국왕지은
各安其所國王之恩

생양구로부모지은
生養劬勞父母之恩

유통정법사장지은
流通正法師長之恩

사사공양단월지은
四事供養檀越之恩

탁마상성붕우지은
琢磨相成朋友之恩

당가위보유차염불
當可爲報唯此念佛

청산첩첩미타굴
青山疊疊彌陀窟

창해망망적멸궁
滄海茫茫寂滅宮

기간송정학두홍
幾看松亭鶴頭紅

극락당전만월용
極樂堂前滿月容

옥호금색조허공
玉毫金色照虛空

경각원성무량공
頃刻圓成無量功

삼계유여급정륜
三戒猶如汲井輪

백천만겁역미진
百千萬劫歷微塵

갱대하생도차신
更待何生度此身

천상천하무여불
天上天下無如佛

시방세계역무비
十方世界亦無比

일체무유여불자
一切無有如佛者

찰진심념가수지
刹塵心念可數知

대해중수가음진
大海中水可飲盡

무능진설불공덕
無能盡說佛功德

보화비진요망연
報化非眞了妄緣

법신청정광무변
法身清淨廣無邊

만리무운만리천
萬里無雲萬里天

사대각리여몽중 四大各離如夢中
육진심식본래공 六塵心識本來空
욕식불조회광처 欲識佛祖回光處
일락서산월출동 一落西山月出東

산당정야좌무언 山堂靜夜坐無言
적적요요본자연 寂寂寥寥本自然
하사서풍동림야 何事西風動林野
일성한안여장천 一聲寒鴈唳長天

원각산중생일수 圓覺山中生一樹
개화천지미분전 開化天地未分前
비청비백역비흑 非青非白亦非黑
부재춘풍부재천 不在春風不在天

천척사륜직하수 千尺絲綸直下垂
일파자동만파수 一波自動萬波隨
야정수한어불식 夜靜水寒魚不食
만선공재월명귀 滿船空載月明歸

십념왕생원 十念往生願
왕생극락원 往生極樂願
상품상생원 上品上生願
광도중생원 廣度衆生願

원공법계제중생 願共法界諸衆生
동입미타대원해 同入彌陀大願海
진미래제도중생 盡未來際度衆生
자타일시성불도 自他一時成佛道

나무서방정토 극락세계 삼십육만억 일십일만 구천오백 동명동호 대자대비 아
南無西方淨土 極樂世界 三十六萬億 一十一萬 九千五百 同名同號 大慈大悲 阿

미타불 나무서방정토 극락세계 불신장광 상호무변 금색광명 변조법계 사십팔원
彌陀佛 南無西方淨土 極樂世界 佛身長廣 相好無邊 金色光明 遍照法界 四十八願

도탈중생 불가설 불가설전 불가설 항하사 불찰미진수 도마죽위 무한극수 삼백
度脫衆生 不可說 不可說轉 不可說 恒河沙 佛刹微塵數 稻麻竹葦 無限極數 三百

육십만억 일십일만 구천오백 동명동호 대자대비 아등도사 금색여래 아미타불
六十萬億 一十一萬 九千五百 同名同號 大慈大悲 我等導師 金色如來 阿彌陀佛

나무문수보살
南無文殊菩薩

나무보현보살
南無普賢菩薩

나무관세음보살
南無觀世音菩薩

나무대세지보살
南無大勢至菩薩

나무금강장보살
南無金剛藏菩薩

나무제장애보살
南無除障碍菩薩

나무미륵보살
南無彌勒菩薩

나무지장보살
南無地藏菩薩

나무일체청정대해중보살마하살
南無一切清淨大海衆菩薩摩訶薩

원공법계제중생
願共法界諸衆生

동입미타대원해
同入彌陀大願海

발원게(發願偈)

시방삼세불
十方三世佛

아미타제일
阿彌陀第一

구품도중생
九品度衆生

위덕무궁극
威德無窮極

아금대귀의
我今大歸依

참회삼업죄
懺悔三業罪

범유제복선
凡有諸福善

지심용회향
至心用回向

원동염불인
願同念佛人

진생극락국
盡生極樂國

견불요생사
見佛了生死

여불도일체
如佛度一切

144

왕생게(往生偈)

원아임욕명종시　진제일체제장애　면견피불아미타　즉득왕생안락찰
願我臨欲命終時　盡除一切諸障碍　面見彼佛阿彌陀　卽得往生安樂刹

공덕게(功德偈)

원이차공덕　보급어일체　아등여중생　당생극락국
願以此功德　普及於一切　我等與衆生　當生極樂國

동견무량수　개공성불도
同見無量壽　皆空成佛道

以上　觀音施食　終

● 전시식(奠施食)

거불(擧佛)

나무 극락도사 아미타불
南無 極樂導師 阿彌陀佛

나무 관음세지 양대보살
南無 觀音勢至 兩大菩薩

나무 명양구고 지장왕보살 (三說)
南無 冥陽救苦 地藏王菩薩

증명다게(證明茶偈)

금장감로다 봉헌증명전 감찰건간심
今將甘露茶 奉獻證明前 鑑察虔懇心

원수애납수 원수애납수 원수자비애납수
願垂哀納受 願垂哀納受 願垂慈悲哀納受

창혼(唱魂)

거사바세계 남섬부주 동양 대한민국 모산하 모사 청정수월도량 금차 지극지
據娑婆世界 南瞻部洲 東洋 大韓民國 某山下 某寺 淸淨水月道場 今此 至極至

정성 精誠

○○재시 ○○齋時

천혼재자 薦魂齋者

모처거주 某處居住

모인복위 某人伏爲

소천 所薦

모인영가 某人靈駕

상래 上來

영청재자 迎請齋者

시회대중 時會大衆

각각등복위 各各等伏爲

각 各

상세선망 上世先亡

사존부모 師尊父母

원근친척 遠近親戚

누대종 累代宗

친 親

제형숙백 弟兄叔伯

자매질손 姉妹姪孫

일체무진제불자등 一切無盡諸佛子等

각열위열명영가 各列位列名靈駕

차도량내외 此道場內外

동상동 洞上洞

하 下

유주무주 有主無主

운집고혼 雲集孤魂

제불자등 諸佛子等

각열위열명영가 各列位列名靈駕

차사 此寺

최초창건이래 最初創建以來

지어중건중수 至於重建重修

조불조탑 造佛造塔

불량등촉 佛糧燈燭

내지 乃至

불전내외 佛前內外

일용범제 日用凡諸

집물 什物

유공덕주 有功德主

화주시주 化主施主

도감별좌 都監別坐

조연양공 助緣良工

사사시주등 四事施主等

각열위열명영가 各列位列名靈駕

차오 此五

대양육대주 大洋六大洲

위국절사 爲國節使

충의장졸 忠義將卒

기한동뇌 飢寒凍餒

구종횡사 九種橫死

형헌이종 刑憲而終

산난이사 産難而死

일체애 一切哀

혼등중 魂等衆

내지 乃至

철위산간 鐵圍山間

오무간옥 五無間獄

일일일야 一日一夜

만사만생 萬死萬生

수고함령등중 受苦含靈等衆

각열명영가 各列名靈駕

겸급법계 兼及法界

사생칠취 四生七趣

삼도팔난 三途八難

사은삼유 四恩三有

일체유식 一切有識

함령등중 含靈等衆

각열위열명영가 各列位列名靈駕

착어 (著語)

「불신충만어법계　佛身充滿於法界

보현일체중생전　普現一切衆生前

수연부감미부주　隨緣赴感靡不周

이항처차보리좌」(三說)　而恒處此菩提座

시일금시　是日今時

사문대중등　沙門大衆等　運慈悲心

행평등행　行平等行　以本願力

이본원력　대방광불화엄경력　제불가　大方廣佛華嚴經力　諸佛加

피지력　被之力　以此清淨法食

이차청정법식

보시일체법계　普施一切法界　面燃鬼王

면연귀왕　소통령자　所統領者

삼십육부　무량무변　항　三十六部　無量無邊　恒

하사수　河沙數　諸餓鬼衆

제아귀중

계하리제모　일체권속　泊訶利帝母　一切眷屬

바라문선중　병차방타계　婆羅門仙衆　倂此方他界

도병운명　수화　刀兵殞命　水火

분표　질역유리　기한동뇌　焚漂　疾疫流離　飢寒凍餒

승목자진　형헌이종　산난이사　繩木自盡　刑憲而終　産難而死

일체체백고혼　의초부목　一切滯魄孤魂　依草附木

일체귀신　지부풍도　대소철위산　一切鬼神　地府酆都　大小鐵圍山

오무간옥　팔한팔열　五無間獄　八寒八熱

경중제지옥　악사성황등처　輕重諸地獄　嶽司城隍等處

일체수고중생　육도방래　一切受苦衆生　六途傍來

일체중음중생　함부아청　一切中陰衆生　咸赴我請

무일유자　원여일일　각득마갈　無一遺者　願汝一一　各得摩竭

다국　소용지곡　칠칠곡식　제제기갈　陀國　所用之斛　七七斛食　除諸飢渴

제공범성난통　당구삼보가피　第恐凡聖難通　當求三寶加被

천수일편위고혼　지심제청　지심제수　千手一片爲孤魂　至心諦聽　至心諦受

# 신묘장구대다라니
### 神妙章句大陀羅尼

나모라 다나 다라 야야 나막 알야 바로기제 새바라야 모지 사다바야 마하 사
다바야 마하 가로 니가야 옴 살바 바예수 다라나 가라야 다사명 나막 가리다
바 이맘 알야 바로기제 새바라 다바 니라간타 나막 하리나야 마발다 이사미
살발타 사다남 수반 아예염 살바 보다남 바바말아 미수다감 다냐타 옴 아로
계 아로가 마지로가 지가란제 혜혜하례 마하 모지 사다바 사마라 사마라 하
리나야 구로구로 갈마 사다야 사다야 도로도로 미연제 마하 미연제 다라다라
다린나례 새바라 자라자라 마라 미마라 아마라 몰제 예혜혜 로계 새바라 라
아미사미 나사야 나베 사미 사미 나사야 모하자라 미사미 나사야 호로호로
마라 호로 하례 바나마 나바 사라사라 시리시리 소로소로 못자못자 모다야
모다야 메다리야 니라간타 가마사 날사남 바라 하리나야 마낙 사바하 싣다야
사바하 마하 싣다야 사바하 싣다유예 새바라야 사바하 니라 간타야 사바하
바라하 목카 싱하 목카야 사바하 바나마 하따야 사바하 자가라 욕다야 사바
하 상카 섭나네 모다나야 사바하 마하라 구타 다라야 사바하
사 시체다 가릿나 이나야 사바하 먀가라 잘마 이바 사나야 사바하 「나모라

다나 다라 야야 나막 알야 바로기제 새바라야 사바하」(三遍)

약인욕요지
若人欲了知    삼세일체불    응관법계성    일체유심조
三世一切佛    應觀法界性    一切唯心造

파지옥진언
破地獄眞言            옴 가라지야 사바하 (三遍)

해원결진언
解冤結眞言        옴 삼다라 가닥 사바하 (三遍)

보소청진언
普召請眞言        나무 보보제리 가리다리 다타 아다야 (三遍)

나무상주시방불
南無常住十方佛    나무상주시방법
              南無常住十方法    나무상주시방승
                            南無常住十方僧

나무 본사석가모니불
南無 本師釋迦牟尼佛

나무 관세음보살
南無 觀世音菩薩

나무 명양구고지장왕보살
南無 冥陽救苦地藏王菩薩

나무 기교아난다존자
南無 起教阿難陀尊者

150

제불자 이승삼보 가피지력 실부아청 당생희유심 사리전도상 귀의삼보 참제
諸佛子 已承三寶 加被之力 悉赴我請 當生稀有心 捨離顛倒想 歸依三寶 懺除

죄장 인후개통 운심평등 수아소시 무차무애 청정법식 제제기갈
罪障 咽喉開通 運心平等 受我所施 無遮無碍 清淨法食 除諸飢渴

귀의불 귀의법 귀의승
歸依佛 歸依法 歸依僧

귀의불양족존 귀의법이욕존 귀의승중중존
歸依佛兩足尊 歸依法離欲尊 歸依僧衆中尊

귀의불경 귀의법경 귀의승경
歸依佛竟 歸依法竟 歸依僧竟

지장보살멸정업진언
地藏菩薩滅定業眞言

옴 바라 마니 다니 사바하 (三遍)

관세음보살멸업장진언
觀世音菩薩滅業障眞言

옴 아로늑계 사바하 (三遍)

개인후진언
開咽喉眞言

옴 보보제리 가리다리 다타 아다야 (三遍)

삼매야계진언
三昧耶戒眞言

옴 삼매야 살다밤 (三遍)

선밀가지 신전윤택 업화청량 각구해탈
宣密加持 身田潤澤 業火清凉 各求解脫

변식진언 變食眞言

나막 살바다타 아다 바로기제 옴 삼바라 삼바라 훔 (三遍)

시감로수진언 施甘露水眞言

바라소로 사바하 (三遍)

나무 소로바야 다타아다야 다냐타 옴 소로소로 바라소로

일자수륜관진언 一字水輪觀眞言

옴 밤 밤 밤밤 (三遍)

유해진언 乳海眞言

나무 사만다 못다남 옴 밤 (三遍)

칭양성호 (稱揚聖號)

나무다보여래 南無多寶如來
원제고혼 願諸孤魂
파제간탐 破除慳貪
법재구족 法財具足

나무보승여래 南無寶勝如來
원제고혼 願諸孤魂
각사악도 各捨惡道
수의초승 隨意超昇

나무묘색신여래 南無妙色身如來
원제고혼 願諸孤魂
이추루형 離醜陋形
상호원만 相好圓滿

시식게(施食偈)

나무광박신여래 南無廣博身如來 　원제고혼 願諸孤魂 　사육범신 捨六凡身 　오허공신 悟虛空身

나무이포외여래 南無離怖畏如來 　원제고혼 願諸孤魂 　이제포외 離諸怖畏 　득열반락 得涅槃樂

나무감로왕여래 南無甘露王如來 　원제고혼 願諸孤魂 　인후개통 咽喉開通 　획감로미 獲甘露味

나무아미타여래 南無阿彌陀如來 　원제고혼 願諸孤魂 　수념초생 隨念超生 　극락세계 極樂世界

신주가지정음식 神呪加持淨飲食 　보시하사중귀신 普施河沙衆鬼神 　원개포만사간탐 願皆飽滿捨慳貪 　속탈유명생정토 速脫幽冥生淨土

귀의삼보발보리 歸依三寶發菩提 　구경득성무상도 究竟得成無上道 　공덕무변진미래 功德無邊盡未來 　일체중생동법식 一切衆生同法食

여등귀신중 汝等鬼神衆 　아금시여공 我今施汝供 　차식변시방 此食遍十方 　일체귀신공 一切鬼神供

원이차공덕 願以此功德 　보급어일체 普及於一切 　아등여중생 我等與衆生 　개공성불도 皆共成佛道

시귀식진언 施鬼食眞言

옴 미기미기 야야미기 사바하 (三遍)

보공양진언
普供養眞言
옴 아아나 삼바바 바아라 혹 (三遍)

제불자 수법식이 기갈기제 금당재위 여등참회 무시이래 지어금일 장신구의
諸佛子 受法食已 飢渴旣除 今當再爲 汝等懺悔 無始以來 至於今日 將身口意

작제악업 각각지성 수아음성 발로참회
作諸惡業 各各至誠 隨我音聲 發露懺悔

참회게(懺悔偈)
아석소조제악업 개유무시탐진치 종신구의지소생 일체아금개참회
我昔所造諸惡業 皆由無始貪嗔癡 從身口意之所生 一切我今皆懺悔

제불자 참회죄업이 금당지성 발사홍서원 연후 제청묘법
諸佛子 懺悔罪業已 今當至誠 發四弘誓願 然後 諦聽妙法

발사홍서원(發四弘誓願)
중생무변서원도 번뇌무진서원단 법문무량서원학 불도무상서원성
衆生無邊誓願度 煩惱無盡誓願斷 法門無量誓願學 佛道無上誓願成

자성중생서원도 자성번뇌서원단 자성법문서원학 자성불도서원성
自性衆生誓願度 自性煩惱誓願斷 自性法門誓願學 自性佛道誓願成

발보리심진언
發菩提心眞言

옴 모지 짓다 못다 바나야 믹 (三遍)

제불자 발사홍서원이 각의세심 제청묘법 아불여래 연민여등 자무시이래 지어
諸佛子 發四弘誓願已 各宜洗心 諦聽妙法 我佛如來 憐憫汝等 自無始以來 至於

금일 미진축망 수업표류 출몰사생 왕래육도 수무량고 특위여등 개대해탈문
今日 迷眞逐妄 隨業漂流 出沒四生 往來六道 受無量苦 特爲汝等 開大解脫門

연설십이인연법 각령어언하 돈명자성 영절윤회 십이인연법자 역인역인인 역
演說十二因緣法 各令於言下 頓明自性 永絕輪廻 十二因緣法者 亦因亦因因 亦

과역과과 미지즉생사업해 오지즉적멸성공
果亦果果 迷之則生死業海 悟之則寂滅性空

무명연행 행연식 식연명색 명색연육입 육입연촉 촉연수 수연애 애연취 취연
無明緣行 行緣識 識緣名色 名色緣六入 六入緣觸 觸緣受 受緣愛 愛緣取 取緣

유유연생 생연노사우비고뇌 무명멸즉행멸
有有緣生 生緣老死憂悲苦惱 無明滅則行

무명멸즉행멸 행멸즉식멸 식멸즉명색멸 명색멸
滅 行滅則識滅 識滅則名色滅 名色滅

즉육입멸 육입멸즉촉멸 촉멸즉수멸 수멸즉애멸 애멸즉취멸 취멸즉유멸 유멸
則六入滅 六入滅則觸滅 觸滅則受滅 受滅則愛滅 愛滅則取滅 取滅則有滅 有滅

즉생멸 생멸즉노사우비고뇌멸
則生滅 生滅則老死憂悲苦惱滅

범소유상　凡所有相
개시허망　皆施虛妄
약견제상비상　若見諸相非相
즉견여래　卽見如來

일체유위법　一切有爲法
여몽환포영　如夢幻泡影
여로역여전　如露亦如電
응작여시관　應作如是觀

약이색견아　若以色見我
이음성구아　以音聲求我
시인행사도　是人行邪道
불능견여래　不能見如來

일념보관무량겁　一念普觀無量劫
무거무래역무주　無去無來亦無住
여시요지삼세사　如是了知三世事
초제방편성십력　超諸方便成十力

마하반야바라밀다심경　摩訶般若波羅蜜多心經

관자재보살　觀自在菩薩
행심반야바라밀다시　行深般若波羅蜜多時
조견오온개공　照見五蘊皆空
도일체고액　度一切苦厄
사리자　舍利子
색불이공　色不異空

공불이색　空不異色
색즉시공　色卽是空
공즉시색　空卽是色
수상행식　受想行識
역부여시　亦復如是
사리자　舍利子
시제법공상　是諸法空相
불생불멸　不生不滅

불구부정　不垢不淨
부증불감　不增不減
시고공중무색　是故空中無色
무수상행식　無受想行識
무안이비설신의　無眼耳鼻舌身意
무색성향미촉법　無色聲香味觸法

무안계　無眼界
내지무의식계　乃至無意識界
무무명　無無明
역무무명진　亦無無明盡
내지무노사　乃至無老死
역무노사진　亦無老死盡
무고집멸도　無苦集滅道

156

무지역무득 이무소득고 보리살타 의반야바라밀다고 심무가애 무가애고 무유

無智亦無得 以無所得故 菩提薩埵 依般若波羅蜜多故 心無罣礙 無罣礙故 無有

공포 원리전도몽상 구경열반 삼세제불 의반야바라밀다고 득아뇩다라삼먁삼보

恐怖 遠離顛倒夢想 究竟涅槃 三世諸佛 依般若波羅蜜多故 得阿耨多羅三藐三菩

리 고지반야바라밀다 시대신주 시대명주 시무상주 시무등등주 능제일체고

提 故知般若波羅蜜多 是大神呪 是大明呪 是無上呪 是無等等呪 能除一切苦

진실불허 고설반야바라밀다주 즉설주왈

眞實不虛 故說般若波羅蜜多呪 卽說呪曰

「아제아제 바라아제 바라승아제 모지 사바하」 (三遍)

불설왕생정토주

佛說往生淨土呪

나무 아미다바야 다타가다야 다디야타 아미리 도바비 아미리다 실담바비 아

미리다 비가란제 아미리다 비가란다 가미니 가가나 깃다가례 사바하 (三遍)

■ 장엄염불(莊嚴念佛)

원아진생무별념 아미타불독상수 심심상계옥호광 염념불리금색상

願我盡生無別念 阿彌陀佛獨相隨 心心常繫玉豪光 念念不離金色相

아집염주법계관
我執念珠法界觀

허공위승무불관
虛空爲繩無不貫

평등사나무하처
平等舍那無何處

관구서방아미타
觀求西方阿彌陀

나무서방대교주
南無西方大教主

무량수여래불
無量壽如來佛

「나무아미타불」
南無阿彌陀佛

（十念）

아미타불재하방
阿彌陀佛在何方

착득심두절막망
着得心頭切莫忘

염도념궁무념처
念到念窮無念處

육문상방자금광
六門常放紫金光

극락세계십종장엄（極樂世界十種莊嚴）

법장서원수인장엄
法藏誓願修因莊嚴

사십팔원원력장엄
四十八願願力莊嚴

미타명호수광장엄
彌陀名號壽光莊嚴

삼대사관보상장엄
三大士觀寶像莊嚴

미타국토안락장엄
彌陀國土安樂莊嚴

보하청정덕수장엄
寶河清淨德水莊嚴

보전여의누각장엄
寶殿如意樓閣莊嚴

주야장원시분장엄
畫夜長遠時分莊嚴

이십사락정토장엄
二十四樂淨土莊嚴

삼십종익공덕장엄
三十種益功德莊嚴

청산첩첩미타굴
青山疊疊彌陀窟

창해망망적멸궁
滄海茫茫寂滅宮

물물염래무가애
物物拈來無罜碍

기간송정학두홍
幾看松亭鶴頭紅

극락당전만월용
極樂堂前滿月容

옥호금색조허공
玉毫金色照虛空

약인일념칭명호
若人一念稱名號

경각원성무량공
頃刻圓成無量功

삼계유여급정륜 三戒猶如汲井輪 백천만겁역미진 百千萬劫歷微塵 차신불향금생도 此身不向今生度 갱대하생도차신 更待何生度此身

천상천하무여불 天上天下無如佛 시방세계역무비 十方世界亦無比 세간소유아진견 世間所有我盡見 일체무유여불자 一切無有如佛者

찰진심념가수지 刹塵心念可數知 대해중수가음진 大海中水可飲盡 허공가량풍가계 虛空可量風可繫 무능진설불공덕 無能盡說佛功德

가사정대경진겁 假使頂戴經塵劫 신위상좌변삼천 身爲牀座徧三千 약부전법도중생 若不傳法度衆生 필경무능보은자 畢竟無能報恩者

보화비진요망연 報化非眞了妄緣 법신청정광무변 法身清淨廣無邊 천강유수천강월 千江有水千江月 만리무운만리천 萬里無雲萬里天

십념왕생원 十念往生願 왕생극락원 往生極樂願 상품상생원 上品上生願 광도중생원 廣度衆生願

원공법계제중생 願共法界諸衆生 동입미타대원해 同入彌陀大願海 진미래제도중생 盡未來際度衆生 자타일시성불도 自他一時成佛道

나무서방정토 극락세계 삼십육만억 일십일만 구천오백 동명동호 대자대비 아 南無西方淨土 極樂世界 三十六萬億 一十一萬 九千五百 同名同號 大慈大悲 阿

미타불 나무서방정토 극락세계 불신장광 상호무변 금색광명 변조법계 사십팔원 彌陀佛 南無西方淨土 極樂世界 佛身長廣 相好無邊 金色光明 遍照法界 四十八願

도탈중생 불가설 불가설전 항하사 불찰미진수 도마죽위 무한극수 삼백
度脫衆生 不可說 不可說轉 恒河沙 佛刹微塵數 稻麻竹葦 無限極數 三百

육십만억 일십일만 구천오백 동명동호 대자대비 아등도사 금색여래 아미타불
六十萬億 一十一萬 九千五百 同名同號 大慈大悲 我等導師 金色如來 阿彌陀佛

나무문수보살 (南無文殊菩薩)
나무보현보살 (南無普賢菩薩)
나무관세음보살 (南無觀世音菩薩)
나무일체청정대해중보살마하살 (南無一切淸淨大海衆菩薩摩訶薩)

나무대세지보살 (南無大勢至菩薩)
나무금강장보살 (南無金剛藏菩薩)
나무제장애보살 (南無除障碍菩薩)

나무미륵보살 (南無彌勒菩薩)
나무지장보살 (南無地藏菩薩)

원공법계제중생 (願共法界諸衆生)
동입미타대원해 (同入彌陀大願海)

발원게 (發願偈)

시방삼세불 (十方三世佛)
아미타제일 (阿彌陀第一)
구품도중생 (九品度衆生)
위덕무궁극 (威德無窮極)

아금대귀의 (我今大歸依)
참회삼업죄 (懺悔三業罪)
범유제복선 (凡有諸福善)
지심용회향 (至心用回向)

원동염불인 (願同念佛人)
진생극락국 (盡生極樂國)
견불요생사 (見佛了生死)
여불도일체 (如佛度一切)

160

## 왕생게(往生偈)

원아임욕명종시 진제일체제장애 면견피불아미타 즉득왕생안락찰

願我臨欲命終時 盡除一切諸障碍 面見彼佛阿彌陀 卽得往生安樂刹

## 공덕게(功德偈)

원이차공덕 보급어일체 아등여중생 당생극락국

願以此功德 普及於一切 我等與衆生 當生極樂國

동견무량수 개공성불도

同見無量壽 皆空成佛道

以上 奠施食 終

□ 회향 · 봉송(回向 · 奉送) □

# ◉ 삼단합송규(三壇合送規)

(상단중단권공축원 급하단시식 이지원이차공덕게필 후판수선립 차취수 차인로번 차오여래번
上壇中壇勸供祝願 及下壇施食 而至願以此功德偈畢 後判首先立 次吹手 次引路幡 次五如來幡

차하단화촉 차하단신번위패 급체전 차중단화촉 차천왕번신중위목 혹시왕번 차상단화촉 차삼신
次下壇華燭 次下壇神幡位牌 及體錢 次中壇華燭 次天王幡神衆位目 或十王幡 次上壇華燭 次三身

번 차삼단인도법주 급회주증명중수유나등법중 정중열립후 상단주 향법당백하문)
幡 次三壇引導法主 及會主證明衆首維那等法衆 庭中列立後 上壇主 向法堂白下文)

## ■ 경신봉송(敬伸奉送)

상래 법연고파 불사운주 욕신발견지의 수사강림지경 복원 번화분도 구환기어
上來 法筵告罷 佛事云周 欲伸發遣之儀 須謝降臨之慶 伏願 幡華分道 俱還起於

정연 누각승공 병각귀어진계 아금산화 보산성범 유게당이선양 청제대중 이구
淨筵 樓閣乘空 並各歸於眞界 我今散華 普散聖凡 有偈當以宣揚 請諸大衆 異口

동음 수언후화
同音 隨言後和

(편필 삼단법중 순회이잡 이인도창하게 대중화지)
(篇畢 三壇法衆 順回二匝 而引導唱下偈 大衆和之)

# 산화게(散華偈)

아금지주차색화 我今持呪此色華
가지원성청정고 加持願成淸淨故
일화공양아여래 一華供養我如來
수화각귀청정토 受華各歸淸淨土

대비복지무연주 大悲福智無緣主
산화보산시방거 散華普散十方去
일체현성진귀공 一切賢聖盡歸空
산화보원귀래로 散華普願歸來路

아이여래삼밀문 我以如來三密門
이작상묘리익경 已作上妙利益竟
유원예적명왕중 唯願穢跡明王衆
범석사왕제천중 梵釋四王諸天衆

공지산하주집신 空地山河主執神
염마라계제왕신 閻摩羅界諸王臣
망령고혼계유정 亡靈孤魂泊有情
지옥아귀급방생 地獄餓鬼及傍生

함원신심득자재 咸願身心得自在
빙사승선획청량 憑斯勝善獲淸凉
충희구득불퇴전 總希俱得不退轉
아어타일건도량 我於他日建道場

불위본서환래부 不違本誓還來赴

(차중단주향법당운)
(次中壇主向法堂云)

근백 중위성현 급하위애혼등중 경의건성 봉사삼보
謹白 中位聖賢 及下位哀魂等衆 更宜虔誠 奉辭三寶

보례삼보(普禮三寶)

보례시방상주불
普禮十方常住佛

보례시방상주법
普禮十方常住法

보례시방상주승
普禮十方常住僧

解脱門外止樂　次下壇主　向下壇白云
해탈문외지악　차하단주　향하단백운

(중위하위화성삼배　차송법성게　혹법성게제지
中位下位和聲三拜　次誦法性偈　或法性偈除之
散華落三
動鈸後舉靈山
引聲繞匝
逆回一匝　出至
산화락삼　동발후거령산　인성요잡　역회일잡　출지)

행보게 (行步偈)

이행천리만허공　귀도정망도정방
移行千里滿虛空　歸道情忘到淨邦

산화락 (三說)
散花落

삼업투성삼보례　성범동회법왕궁
三業投誠三寶禮　聖凡同會法王宮

나무대성인로왕보살 (三說)
南無大聖引路王菩薩

법성게 (法性偈)

법성원융무이상　제법부동본래적
法性圓融無二相　諸法不動本來寂

무명무상절일체　증지소지비여경
無名無相絶一切　證智所知非餘境

진성심심극미묘　불수자성수연성
眞性甚深極微妙　不守自性隨緣成

일중일체다중일　일즉일체다즉일
一中一切多中一　一即一切多即一

일미진중함시방
一微塵中含十方

일체진중역여시
一切塵中亦如是

무량원겁즉일념
無量遠劫即一念

일념즉시무량겁
一念即時無量劫

구세십세호상즉
九世十世互相即

잉불잡란격별성
仍不雜亂隔別成

초발심시변정각
初發心時便正覺

생사열반상공화
生死涅槃常共和

이사명연무분별
理事冥然無分別

십불보현대인경
十佛普賢大人境

능인해인삼매중
能仁海印三昧中

번출여의부사의
繁出如意不思議

우보익생만허공
雨寶益生滿虛空

중생수기득이익
衆生隨器得利益

시고행자환본제
是故行者還本際

파식망상필부득
巨息妄想必不得

무연선교착여의
無緣善巧捉如意

귀가수분득자량
歸家隨分得資粮

이다라니무진보
以陀羅尼無盡寶

장엄법계실보전
莊嚴法界實寶殿

궁좌실제중도상
窮坐實際中道床

구래부동명위불
舊來不動名爲佛

(소대에 이르러)

■ 봉송하위(奉送下位)

금차 문외봉송재자 모인복위 소천 모인영가등 제불자 각열위열명영가
今日 門外奉送齋者 某人伏爲 所薦 某人靈駕等 諸佛者 各列位列名靈駕

상래시식 염불풍경공덕 제불자 이망연야 불리망연야 이망연즉 천당불찰 임성
上來施食 念佛諷經功德 諸佛子 離妄緣耶 不離妄緣耶 離妄緣則 天堂佛刹 任性

소요 불리망연즉 차청산승 말후일게

逍遙 不離妄緣則 且聽山僧 末後一偈

사대각리여몽중　육진심식본래공　욕식불조회광처　일락서산월출동

四大各離如夢中　六塵心識本來空　欲識佛祖回光處　日落西山月出東

풍송가지 (諷誦加持)

염시방삼세　일체제불　제존보살마하살　마하반야바라밀

念十方三世　一切諸佛　諸尊菩薩摩訶薩　摩訶般若波羅蜜

원왕생　원왕생　왕생극락견미타　획몽마정수기별

願往生　願往生　往生極樂見彌陀　獲蒙摩頂授記別

원왕생　원왕생　원재미타회중좌　수집향화상공양

願往生　願往生　願在彌陀會中坐　手執香華常供養

원왕생　원왕생　왕생화장연화계　자타일시성불도

願往生　願往生　往生華藏蓮華界　自他一時成佛道

소전진언 燒錢眞言

옴 비로기제 사바하 (三遍)

봉송진언 奉送眞言

옴 바아라 사다 목차목 (三遍)

166

상품상생진언

옴 마니다니 훔 훔 바탁 사바하 (三遍)

처세간 여허공 여련화 불착수 심청청 초어피 계수례 무상존

處世間 如虛空 如蓮華 不著水 心淸淸 超於彼 稽首禮 無上尊

귀의불 귀의법 귀의승 귀의불양족존 귀의법이욕존 귀의승중중존

歸依佛 歸依法 歸依僧 歸依佛兩足尊 歸依法離欲尊 歸依僧衆中尊

귀의불경 귀의법경 귀의승경 선보운정 복유진중

歸依佛竟 歸依法竟 歸依僧竟 善步雲程 伏惟珍重

(하단위패번전소지 차중단주 향중위백운)

(下壇位牌幡錢燒之 次中壇主 向中位白云)

■ 봉송중위 (奉送中位)

상래승회 병이주원 제불환심 공악무위지화 단나경찬 동창유덕지명 존망권속

上來勝會 並已周圓 諸佛歡心 共樂無爲之化 檀那慶讚 同彰有德之名 存亡眷屬

개안 수희조연구리 유여사난봉난우지덕 획여사대경대행지은 능사이원 금당

皆安 隨喜助緣俱利 有如斯難逢難遇之德 獲如斯大慶大幸之恩 能事已圓 今當

봉송 유원자비 각환본위 아불유봉송다라니 근당선념

奉送 唯願慈悲 各還本位 我佛有奉送陁羅尼 謹當宣念

（중단위목번화소지 약단왕재
（中壇位目幡華燒之 若但王齋
칙상편문제지 인도창십전올올환본위게
則上篇文除之 引導唱十殿兀兀還本位偈
법주봉송명부편 여상이
法主奉送冥府篇 如上而
소지 차상단주향상위백운）
燒之 次上壇主向上位白云）

※영산재 설행 후라면 바로 **봉송상위**（⇨p.一六九.）를 이어서 거행한다.

※본 봉송명부는 영산각배재 형태로 설행（設行）한 경우 즉、명부시왕을 소청한 경우라면 봉송중위에
이어 거행한다.

■ 봉송명부（奉送冥府）

상래소청 제대성중 음부영관 불사자비 이부청연 특사강림 수첩공양 요익아등
上來召請 諸大聖衆 陰府靈官 不捨慈悲 已赴請筵 特賜降臨 受沾供養 益益我等

능사이원 금당봉송 각환본위 아불유봉송다라니 근당선념
能事已圓 今當奉送 各還本位 我佛有奉送陀羅尼 謹當宣念

「십전올올환본위
十殿兀兀還本位
판관호종귀각점 동자서서차제행 사자상상행차도
判官扈從歸各店 童子徐徐次第行 使者常常行次到
봉송명부예배간 전위소진풍취헐 소재강복수여해 영탈객진번뇌염」（多遍）
奉送冥府禮拜間 錢爲燒盡風吹歇 消災降福壽如海 永脫客塵煩惱焰」（多遍）

불설소재길상다라니
佛說消災吉祥陀羅尼

나무 사만다 못다남 아바라지 하다사 사나남 다냐타 옴 카카 카혜 카혜 훔훔

아바라 아바라 바라아바라 바라아바라 지따 지따 지리 지리 빠다 빠다 선지

가 시리예 사바하 (三遍)

봉송진언
奉送眞言

옴 바아라 사다 목차목 (三遍)

■ 봉송상위 (奉送上位)

배송게 (拜送偈)

시방제불찰　장엄실원만　원수귀정토　애념인계인
十方諸佛刹　莊嚴悉圓滿　願須歸淨土　哀念忍界人

(상단번화소지　차하삼단합거　봉송주　소전주　상품상생진언　귀의불운운　선보운운　보회향진언운
(上壇幡華燒之　次下三壇合擧　奉送呪　燒錢呪　上品上生眞言　歸依佛云云　善保云云　普回向眞言云
운　화탕풍요운운
云　火蕩風搖云云)

봉송진언
奉送眞言

옴 바아라 사다 목차목 (三遍)

소전진언
燒錢眞言

옴 비로기제 사바하 (三遍)

상품상생진언
上品上生眞言

옴 마니다니 흠 흠 바탁 사바하 (三遍)

처세간 여허공 여련화 불착수 심청청 초어피 계수례 무상존
處世間 如虛空 如蓮華 不著水 心淸淸 超於彼 稽首禮 無上尊

삼귀의 (三歸依)

귀의불 귀의법 귀의승
歸依佛 歸依法 歸依僧

귀의불양족존 귀의법이욕존 귀의승중중존
歸依佛兩足尊 歸依法離欲尊 歸依僧衆中尊

귀의불경 귀의법경 귀의승경
歸依佛竟 歸依法竟 歸依僧竟

선보운정 복유진중
善步雲程 伏惟珍重

170

옴 삼마라 삼마라 미만나 사라마하 자거라바 훔 (三遍)

파산게 (破散偈)

화탕풍요천지괴　요요장재백운간　일성휘파금성벽　단향불전칠보산
火蕩風搖天地壞　寥寥長在白雲間　一聲揮破金城壁　但向佛前七寶山

(차환향법당 인도거삼자귀의)
(次還向法堂 引導擧三自歸依)

삼자귀의 (三自歸依)

자귀의불　당원중생　체해대도　발무상의
自歸依佛　當願衆生　體解大道　發無上意

자귀의법　당원중생　심입경장　지혜여해
自歸依法　當願衆生　深入經藏　智慧如海

자귀의승　당원중생　통리대중　일체무애
自歸依僧　當願衆生　統理大衆　一切無礙

귀의삼실경　소작제공덕　시일체유정　개공성불도
歸依三實竟　所作諸功德　施一切有情　皆共成佛道

삼회향(三回向)

나무 환희장마니보적불
南無 歡喜藏摩尼寶積佛

나무 원만장보살마하살
南無 圓滿藏菩薩摩訶薩

나무 회향장보살마하살
南無 回向藏菩薩摩訶薩

以上 三壇合送規 終

172

□ 승가 공양의식(僧家 供養儀式) □

◉ 식당작법(食堂作法)

※ 종두(鐘頭)는 대중에게 공양시간을 알리기 위해 대종(大鍾)을 5~7번 친다. 대중은 각기 발우를 지니고 식당으로 모여 중수(衆首)를 중심으로 각자의 자리에 앉으며, 타주(打柱)는 백추(白搥)를 중심으로 서로 등지고 상(上)·하판(下判)을 향해 앉는다. 중수는 대중의 운집불을 확인한 뒤 「지금부터 식당작법을 거행하겠습니다.」라고 시작을 알리며 식당방(食堂榜) 총명지(聰名紙)에 명시된 대로 담당자를 밝힌다.

식당방(食堂榜)

중수 일인 · 당좌 일인 · 오관 오인 · 운판 일인 · 타주 이인 · 당종 일인
衆首 一人 · 堂佐 一人 · 五觀 五人 · 雲版 一人 · 打柱 二人 · 堂鐘 一人

판수 이인 · 목어 일인 · 당상 일인 · 정수 일인 · 정건 일인 · 하발 일인
判首 二人 · 木魚 一人 · 堂象 一人 · 淨水 一人 · 淨巾 一人 · 下鉢 一人

( ● :: 경쇠、 ■ :: 광쇠、 O :: 태징 기호)

※ 중수가 「운판에 아무개스님이요」라고 거명하면 소임자가 일어나 「운판삼하호」라고 외친 후 운판[혹은 태징]을 규범에 맞게 친다。 당종도 같은 형식으로 거행한다。

(선격운판삼하 당종십팔추 목어당상법고각초삼통 대중열좌 목어당상 각후오통 어산창오관게)

(先擊雲板三下 堂鍾十八槌 木魚堂象法鼓各初三通 大衆列坐 木魚堂象 各後五通 魚山唱五觀偈)

(중수) 운판에 ○○ 스님이요.
雲板

(운판) 운판삼하호.
雲板三下

(중수) 당종에 ○○ 스님이요.
堂鍾

(당종) 당종십팔추
堂鍾十八槌

※ 증수가 목어·당상을 거명하면 자리에서 일어나 목어와 법고를 삼통(三通) 울린 후 증수 앞으로 나아가 「목어 당상 초삼통 아료」라고 고하고 반배한 후 자리로 돌아온다.

(중수) 목어에 ○○ 스님이요, 당상에 ○○ 스님이요.
木魚　堂象

(목어·당상) 목어 당상 초삼통 아료.
木魚 堂象 初三通

※ 목어·당상 소임자는 목어와 법고 앞으로 돌아온 후 다시 오통(五通)을 울린다. 오통을 마친 목어와 당상은 다시 중수 앞에 나아가 「목어 당상 후오통아료」라고 고한 후 반배하고 돌아와 오관게(五觀偈)를 거행하는 동안 목어와 법고를 울린다.

※ 오관은 태징3망치를 울린 후 짓소리로 오관게를 거행한다.

(목어·당상) **목어 당상 후오통** 아료.
木魚 堂象 後五通

(오관) ○○○
오관게(五觀偈)

| **계공다소** | **양피래처** | **촌기덕행** | **전결응공** | **방심이과** |
|---|---|---|---|---|
| 計功多少 | 量彼來處 | 村己德行 | 全缺應供 | 防心離過 |

| **탐등위종** | **정사양약** | **위요형고** | **위성도업** | **응수차식** |
|---|---|---|---|---|
| 貪等爲宗 | 正思良藥 | 爲療形枯 | 爲成道業 | 膺受此食 |

※ 오관은 오관게를 마친 후 요잡바라 태징과 법고무 태징을 쳐주는데, 이때 타주는 요잡바라를 거행하고, 당상은 법고무를 수행하며, 목어는 법고무를 마칠 때까지 계속 쳐준다. 이어서 하발쇠 십오추를 치며, 대중을 기립한다.

(기경요잡 하발쇠십오추 대중기립 좌우판수 봉금판진중수전 제음상환 서보주회일잡 환지본처
起經繞匝 下鉢金十五槌 大眾起立 左右判首 奉禁板進眾首前 齊揖相換 徐步周廻一匝 還至本處

재상환창운 일제 당좌창운 정수정건 타주중수창운)
再相換唱云 一齊 堂佐唱云 淨水淨巾 打柱衆首唱云)

(오관)
요잡 법고 하발금십오추
繞匝 法鼓 下鉢金十五槌

※ 중수는 「좌판 우판에 아무개스님、아무개스님이요」라고 담당자를 거명하면、두 판수스님은 중수 앞으로 나아가 반배한 뒤 중수 앞에 준비된 금판(禁板 : 장군죽비)을 각기 양손으로 횡(横)으로 받쳐 들고 중수를 중심으로 서로 교차하며 위치를 바꾸어 상·하판 안쪽으로 진행(進行)한다。이때 금판을 각자 진행하는 방법으로 서서히 돌리며 대중의 열을 정돈하고、중수 앞으로 돌아와 금판을 횡으로 받쳐 들고 「일제(一齊)」라고 고한 후 금판을 본래 놓여 있던 자리에 내려놓고 자신의 자리로 돌아간다。

(중수)
좌판에 ○○ 스님이요、우판에 ○○ 스님이요。
左判 右判

(판수)
금판일잡 후 일제
禁板一匝 一齊

※ 중수는 「정수정건에 아무개스님、아무개스님이요」라고 담당자를 거명하면、담당하는 두 스님은 중수 앞으로 나아가 반배한 뒤、중수 앞에 준비된 정수(淨水)가 담긴 발기에 정건(淨巾)을 올린 후 금판일잡(禁板一匝)에서와 같은 방법으로 일잡(一匝)하고 정수와 정건을 내려놓고 자리로 돌아간다。이때 당좌는 광쇠를 세 번 치고 정수정건을 소리로 짓는다。타주는 당좌의 광쇠에 맞추어 타주무를 거행한 후 백추(白槌)를 중심으로 서로 등지고 상·하판을 향해 앉는다。

(중수)
정수에 ○○ 스님이요、정건에 ○○ 스님이요。
淨水 淨巾

(당좌) ■■■
정수정건 ■■■
淨水淨巾

※ 대중은 좌립한다。중수가 경쇠를 다섯 번 친 후 「전발게」라 하면、중수와 대중은 동음으로 게송을 염송하고 발우를 편다。

(중수) ●●●
약부상좌 (대중) 당원중생 부선법좌 견진실상
若 敷床座 當願衆生 敷善法座 見眞實相

(중수) ●●●
정신단좌 (대중) 당원중생 좌불도수 심무소외
正身端坐 當願衆生 坐佛道樹 心無所畏

(중수) ∶●●●●● 전발게(展鉢偈)
(대중) 여래응량기 아금득부전 원공일체중 등삼륜공적
如來應量器 我今得敷展 願共一切衆 等三輪空寂

옴 발다나야 사바하 (三遍)

※ 당좌의 광쇠에 맞추어 타주는 타주무를 거행하고、대중은 동음으로 심경을 염송한다。이때 사미승들은 대중들에게 공양을 올린다。심경 끝부분 진언도 당좌의 광쇠에 맞추어 타주는 타주무를 거행하

고, 연이어 처무상도념과 십념까지 타주무를 거행한 후 서로 등지고 앉는다.

(차당좌창운 반야바라밀다심경 타주 대중동송)
(次堂佐唱云 般若婆羅蜜多心經 打柱 大衆同誦)

(당좌)
■■■ 마하반야바라밀다심경 ■■■
摩訶般若波羅蜜多心經

관자재보살 행심반야바라밀다시 조견오온개공 도일체고액 사리자 색불이공
觀自在菩薩 行深般若波羅蜜多時 照見五蘊皆空 度一切苦厄 舍利子 色不異空

공불이색 색즉시공 공즉시색 수상행식 역부여시 사리자 시제법공상 불생불멸
空不異色 色即是空 空即是色 受想行識 亦復如是 舍利子 是諸法空相 不生不滅

불구부정 부증불감 시고공중무색 무수상행식 무안이비설신의 무색성향미촉법
不垢不淨 不增不減 是故空中無色 無受想行識 無眼耳鼻舌身意 無色聲香味觸法

무안계 내지무의식계 무무명 역무무명진 내지무노사 역무노사진 무고집멸도
無眼界 乃至無意識界 無無明 亦無無明盡 乃至無老死 亦無老死盡 無苦集滅道

무지역무득 이무소득고 보리살타 의반야바라밀다고 심무가애 무가애고 무유
無智亦無得 以無所得故 菩提薩埵 依般若波羅蜜多故 心無罣礙 無罣礙故 無有

공포 원리전도몽상 구경열반 삼세제불 의반야바라밀다고 득아뇩다라삼먁삼보
恐怖 遠離顚倒夢想 究竟涅槃 三世諸佛 依般若波羅蜜多故 得阿耨多羅三藐三菩

리 고지반야바라밀다 시대신주 시대명주 시무상주 시무등등주 능제일체고
提 故知般若波羅蜜多 是大神呪 是大明呪 是無上呪 是無等等呪 能除一切苦

진실불허 고설반야바라밀다주 즉설주왈
眞實不虛 故說般若波羅蜜多呪 卽說呪曰

(당좌) ■■■
아제아제 바라아제 바라승아제 모지 사바하 (三遍) ■■■

(참두라주
參頭打柱

당좌창운
堂佐唱云

처무상도
타주
處無上道
打柱 次大衆
十念云云
參頭打柱十番)

(당좌) ■■■
처무상도념
處無上道念

(중수) ●
십념(十念)

(대중) ■
청정법신비로자나불
清淨法身毘盧遮那佛

원만보신노사나불
圓滿報身盧舍那佛

천백억화신석가모니불
千百億化身釋迦牟尼佛

구품도사아미타불
九品導師阿彌陀佛

당래하생미륵존불
當來下生彌勒尊佛

시방삼세일체제불
十方三世一切諸佛

시방삼세일체존법
十方三世一切尊法

대지문수사리보살
大智文殊舍利菩薩

대행보현보살
大行普賢菩薩

(당좌) ■■■
마하반야바라밀
摩訶般若波羅蜜

대비관세음보살
大悲觀世音菩薩

대원본존지장보살
大願本尊地藏菩薩

제존보살마하살
諸尊菩薩摩訶薩

(중수) ● (대중) 약반식시 若飯食時 당원중생 當願眾生 선열위식 禪悅爲食 법희충만 法喜充滿

(중수) ● (대중) 결가부좌 結跏趺坐 당원중생 當願眾生 선근견고 善根堅固 득부동지 得不動地

(중수) ● (대중) 약견공발 若見空鉢 당원중생 當願眾生 기심청정 其心清淨 공무번뇌 空無煩惱

(중수) ● 불삼신진언 佛三身眞言 (대중) 옴 호철모니 사바하 (三遍)

(중수) ● 법삼장진언 法三藏眞言 (대중) 옴 불모규라혜 사바하 (三遍)

(중수) ● 승삼승진언 僧三乘眞言 (대중) 옴 슈탄복다혜 사바하 (三遍)

(중수) ● 계장진언 戒藏眞言 (대중) 옴 흐리부니 사바하 (三遍)

(중수) ● 정결도진언 定決道眞言 (대중) 옴 합부리 사바하 (三遍)

(중수) ● 혜철수진언 慧徹修眞言 (대중) 옴 나자바니 사바하 (三遍)

막제게(莫啼偈)

(조칙、어산창막제게 영산 말게운)
(朝則、魚山唱莫啼偈 靈山 末偈云)

불어무량겁 근고위중생 운하제중생 능보대사은
佛於無量劫 勤苦爲衆生 云何諸衆生 能報大士恩

광수게(廣修偈)

(오칙、광수게 영산 말게운)
(午則、廣修偈 靈山 末偈云)

보현보살광대원 광수공양무피렴
普賢菩薩廣大願 廣修供養無疲厭

(석칙、어산창영산회상)
夕則、魚山唱靈山會上)

식영산(食靈山)

※ 대중은 식영산을 짓소리로 창화한다。아침공양 시는 막제게를 하고 점심공양 시는 광수게、저녁공
양 시는 식영산을 거행하나、공양을 보다 여법하게 거행하고자 할 때나 대중의 수가 많아 시간이 조금
더 필요할 때는 막제게와 광수게에 이어 식영산을 거행할 수도 있다。

(조칙、어산창막제게 영산 말게운)
(朝則、魚山唱莫啼偈 靈山 末偈云)

(대중)

나무영산회상불보살 (三說)

南無靈山會上佛菩薩

※ 중수의 경쇠 한 망치를 신호로 대중은 모두 어시발우를 이마 위로 정대하고 다음의 게송을 염송한다.

임공발원(臨供發願)

(중수)● (대중)

약견만발 당원중생 구족성만 일체선법
若見滿鉢 當願衆生 具足成滿 一切善法

득향미식 당원중생 지절소욕 정무소착
得香美食 當願衆生 知節少欲 情無所着

공불게 (供佛偈)

(대중)

원아소수공 변성묘공구 변어법계중 공양제삼보
願我所受供 變成妙供具 遍於法界中 供養諸三寶

※ 공불게를 마치고 나면 정대하였던 어시발우를 내려놓는다. 이어서 중수의 경쇠 한 망치를 신호로 대중은 시생게를 염송하며, 이후의 게송도 중수의 인도 하에 창화한다.

(중수)● (대중)

시생게 (施生偈)

차시제중생 무유기갈자 변성법희식 속성무상도
次施諸衆生 無有飢渴者 變成法喜食 速成無上道

182

(대중)

선도게(先度偈)

**아신중유팔만호　일일각유구억충**
我身中有八萬毫　一一各有九億蟲

**제피신명수신시　아필성도선도여**
濟彼身命受信施　我必成道先度汝

(대중)

단수게(斷修偈)

**원단일체악　원수일체선　소수제선근　회향제중생　보공성불도**
願斷一切惡　願修一切善　所修諸善根　回向諸衆生　普共成佛道

(중수) ● (대중)

오관게(五觀偈)

**계공다소　양피래처**
計功多少　量彼來處

**촌기덕행　전결응공**
忖己德行　全缺應供

**방심이과　탐등위종**
防心離過　貪等爲宗

**정사양약　위요형고**
正思良藥　爲療形枯

**위성도업　응수차식**
爲成道業　膺受此食

생반게(生飯偈)

(대중)
여등귀신중　아금시여공　칠입변시방　삼도기갈
汝等鬼神衆　我今施汝供　七粒徧十方　三途飢渴

실제열뇌　보동공양
悉除熱惱　普同供養

(중수) ●
정식게 (淨食偈)

(대중)
옴 살바 나유타 발다나야 반다반다 사바하 (三遍)
오관일적수　팔만사천충　약불넘차주　여식중생육
吾觀一滴水　八萬四千蟲　若不念此呪　如食衆生肉

(중수) ●
삼시게 (三匙偈)

(대중)
원단일체악　원수일체선　원공제중생　동성무상도
願斷一切惡　願修一切善　願共諸衆生　同成無上道
● ● ● ● ●

※ 중수는 공양물이 다 돌아갔는지 확인하고、모두 제자리에 앉으면 삼시게를 거행한다。게송의 말미에 중수가 경쇠를 일곱 번 치고 마치면、종두 2인은 자리에서 일어나 입승에게 다가가 묵언(默言)여부에 관한 지시를 받는다。

(참두타주 차좌우상환 공경권반 당좌창)
(參頭打柱 次左右相換 恭敬勸飯 堂坐唱)

※ 삼덕육미 시 당좌의 광쇠에 맞추어 타주는 타주무를 거행한 후、서로 방향을 달리하여 각각 중수쪽과 오광을 향해 반배하고 「공양소합쇼」라고 큰 소리로 공양의 시작을 알리며、다시 서로 반대방향을 향하여 「공양소합쇼」를 외친 후 백추를 중심으로 등을 지고 앉고、대중은 묵언을 하며 공양한다。

(당좌) ■ ■ ■ **삼덕육미 시불급승 법계인천 보동공양** ■ ■ ■

三德六味　施佛及僧　法界人天　普同供養

※ 중수는 공양 시작 후 조금 있다가 경쇠[염종]를 친다。

(중수) ● **염종**

念鍾

(차 참두타주　숙냉금육추　당좌창)
(次參頭打柱　熟冷金六槌　當佐唱)

※ 공양을 마칠 무렵 중수는 숙냉쇠를 여섯 번 울리는데、이때 사미 3인(三人)이 일어나 1인은 가반(加飯)동이를 돌리고、2인은 초관(哨灌)을 들고 숙냉을 전당(前堂)으로부터 돌린다。

(중수) ● ● ● ● ● ● **숙냉금육추**

熟冷金六槌

※ 공백대중 시 당좌의 광쇠에 맞추어 타주는 타주무를 거행한 후 백추를 중심으로 마주 보고 앉는다。

(당좌) ■■■ **공백대중 단념무상 당근정진 여구두연 신물방일** ■■■

恭白大衆　但念無常　當勤精進　如救頭燃　愼勿放逸

(대중세발시　당좌창운)
(大衆洗鉢時　堂佐唱云)

※ 대중이 공양을 마치고 바리대를 씻고 나면 중수의 절수게 소리를 신호로 타주는 자리에서 일어나 당좌의 광쇠에 맞추어 타주무릎을 거행하고 백추를 중심으로 서로 마주보고 서 있는다.

※ 묵언을 한 경우 종두는 어간 앞으로 나아가 마주 선 후 묵언패(黙言牌)를 세 번 쳐서 묵언이 끝났음을 대중에게 알린다.

(중수) ● **절수게**(絶水偈)

(당좌) ■■■ **아차세발수 여천감로미 시여아귀중 개령득포만**

我此洗鉢水　如天甘露味　施汝餓鬼衆　皆令得飽滿

**옴 마휴라세 사바하** (三遍) ■■■

(중수) ● (대중) **반식이흘 당원중생 덕행원만 성십종지**

飯食已訖　當願衆生　德行圓滿　成十種智

**수발게**(收鉢偈)

186

회향게(廻向偈)

원아소수향미촉　부주아신출모공
願我所受香味觸　不住我身出毛孔
변입법계중생신　등동법약제번뇌
遍入法界衆生身　等同法藥除煩惱

(대중)

식후게(食後偈)

시자수자　구획오상　색력명안　급무애변
施者受者　俱獲五常　色力命安　及無碍辯

(당좌) ■■■

심청정　초어피　계수례　무상존 ■■■
心清淨　超於彼　稽首禮　無上尊

계수게(稽首偈)

처세간　여허공　여련화　불착수
處世間　如虛空　如蓮花　不着水

축원(祝願)

※ 당좌는 광쇠를 세 번 친 후 축원을 거행하고, 광쇠 소리에 맞추어 타주는 타주무를 거행한다. 이때 오관은 축원 말미[왕생~원왕생, 정찰~생정찰, 명장~수명장]의 소리를 창화하며 광쇠와 더불어 태징3망치를 울려 준다.

（당좌）■■■

금일 今日　관수분향 盥手焚香　설판재자 設辦齋者　모인복위 某人伏爲　소천망 所薦亡　모인영가 某人靈駕

（오관·당좌）■■○○○

왕생 往生　왕생 往生　원왕생 願往生　모인 ○○○

（당좌）■■○○○

금일 今日　지극지정성 至極之精誠　설판재자 設辦齋者　모인복위 某人伏爲　소천망 所薦亡　모인영가 某人靈駕

（오관·당좌）■■○○○

정찰 淨刹　정찰 淨刹　생정찰 生淨刹　○○○

（당좌）■■○○○

금일 今日　지극지정성 至極之精誠　설판재자 設辦齋者　모인등 某人等　동참재자 同參齋者　각각보체 各各保體

（오관·당좌）■■○○○

명장 命長　명장 命長　수명장 壽命長　■■○○○

※ 축원 시 타주무를 거행한 타주는 서로 마주 보고 서 있는다.

（중수）●（대중）

판공재자액소제 判供齋者厄消除　사사시주증복수 四事施主增福壽　간과식정국태평 干戈息靜國太平　법계중생동일포 法界衆生同一飽　마하반야바라밀 摩訶般若波羅蜜

퇴좌발원(退座發願)

(중수) ● (대중) 사가부좌 당원중생 관제행성 실개산멸
捨跏趺坐 當願衆生 觀諸行性 悉皆散滅

(중수) ● (대중) 하상안족 당원중생 이천선적 부동해탈
下狀安足 當願衆生 履踐善跡 不動解脫

(중수) ● (대중) 견지응기 당원중생 성취법기 수천인공
堅持應器 當願衆生 成就法器 受天人供

(중수) ● (대중) 시거족시 당원중생 월도생사 선법만족
始擧足時 當願衆生 越度生死 善法滿足

해탈주(解脫主)

(중수) ● (대중) 나무 동방해탈주세계 허공공덕 청정미진 등목단정 공덕상광
南無 東方解脫主世界 虛空功德 清淨微塵 等目端正 功德相光

명화 파두마 유리광 보체상 최상향 공양흘 종종장엄정계 무량무변 일월광명
明華 波頭摩 琉璃光 寶體相 最上香 供養訖 種種莊嚴頂髻 無量無邊 日月光明

원력장엄 변화장엄 법계출생 무장애왕 「여래아라하 삼막삼불타」(三遍)
願力莊嚴 變化莊嚴 法界出生 無障碍王 「如來阿羅訶 三藐三佛陀」

※ 타주는 퇴좌게 말미 영출삼계를 거행한 후 백추를 쓰러 뜨린다. 그리고 대중은 모두 기립한다.

퇴좌게(退座偈)

(중수) ● (대중)

퇴좌출당 당원중생 심입불지
退坐出堂 當願衆生 深入佛地

(당좌) ■■■

영출삼계 ■■■
永出三界

(참두타주필 轉鍾三槌 順回一匝時)
(參頭打柱畢 轉鍾三槌 順回一匝時)

※ 오관에서 자귀의불을 거행하면 타주는 타주채를 내려놓고 지화를 들어 나비무 자귀의불작법을 거행하고, 대중은 원을 그리며 식당을 정진 돈다. 나비춤이 끝나면 타주는 요잡바라를 거행하고, 바라를 마치고 나면 모든 대중과 함께 그 자리에서 상단을 향해 회향게를 거행한다.

(오관)

귀의게(歸依偈)

자귀의불 당원중생 체해대도 발무상도
自歸依佛 當願衆生 體解大道 發無上道

자귀의법 당원중생 심입경장 지혜여해
自歸依法 當願衆生 深入經藏 智慧如海

자귀의승 당원중생 통리대중 일체무애
自歸依僧 當願衆生 統理大衆 一切無碍

※ 대중이 회향게를 마치고 나면 증수는 「성불합쇼」(혹은 「성불하십시오」)라 하고, 대중은 동음으로 제창한다.

회향게(回向偈)

(대중)
보원중생고륜해　총령제열득청량
普願衆生苦輪海　摠令除熱得清凉

개발무상보리심　동출애하등피안
皆發無上菩提心　同出愛河登彼岸

(대중)
성불하십시오。

(증수)
성불하십시오。

以上 食堂作法 終

# 각배재

● 각배(各拜、一名 大禮王供文)

■ 엄정의식(嚴淨儀式)

할향(喝香)

출자수미암반 상재해장용궁 경경분설금로내 상통불국여인간
出自須彌巖畔 常在海藏龍宮 耿耿焚爇金爐內 上通佛國與人間

연향게(燃香偈)

계정혜해지견향 변시방찰상분복 원차향연역여시 훈현자타오분신
戒定慧解知見香 遍十方刹常氛馥 願此香烟亦如是 熏現自他五分身

정례(頂禮)

일심정례 시방상주불
一心頂禮 十方常住佛

일심정례 시방상주법
一心頂禮 十方常住法

일심정례 시방상주승
一心頂禮 十方常住僧

## 합장게(合掌偈)

합장이위화　신위공양구　성심진실상　찬탄향연부

合掌以爲花　身爲供養具　誠心眞實相　讚嘆香煙覆

## 고향게(告香偈)

향연변부삼천계　정혜능개팔만문　유원삼보대자비　문차신향임법회

香烟遍覆三千界　定慧能開八萬門　唯願三寶大慈悲　聞此信香臨法會

## 개계(開啓)

원부　범치법연　선사방우엄정　공의과교　전장가지　소이　수함청정지공　법유신통

原夫　凡峙法筵　先使方隅嚴淨　恭依科教　全仗加持　所以　水含淸淨之功　法有神通

지용　장법비수　용수결심　쇄사법연　성우정토

之用　將法備水　用水潔心　灑斯法筵　成于淨土

## 정토결계진언

淨土結界眞言

옴 소로소로 훔 (三遍)

## 쇄향수게(灑香水偈)

아금이성정지비수　화합성정지계향　변쇄법계　중생심지　급정도량　실령청정

我今以性情之悲水　和合性情之戒香　遍灑法界　衆生心地　及淨道場　悉令淸淨

향수훈욕조제구 香水熏浴澡諸垢 법신구족오분향 法身具足五分香 반야원조해탈만 般若圓照解脫滿 군생동회법계융 群生同會法界融

쇄향수진언 灑香水眞言

나무 사만다 못다남 옴 호로호로 전나라 마등기 사바하 (三遍)

복청게(伏請偈)

복청대중 伏請大衆 동음창화 신묘장구대다라니
同音唱和 神妙章句大陀羅尼

신묘장구대다라니
神妙章句大陀羅尼

나모라 다나 다라 야야 나막 알야 바로기제 새바라야 모지 사다바야 마하
사다바야 마하 가로 니가야 옴 살바 바예수 다라나 가라야 다사명 나막 가
리다바 이맘 알야 바로기제 새바라 다바 니라간타 나막 하리나야 마발다 이
사미 살발타 사다남 수반 아예염 살바 보다남 바바말아 미수다감 다냐타 옴
아로계 아로가 마지로가 지가란제 혜혜하례 마하 모지 사다바 사마라 사마
라 하리나야 구로구로 갈마 사다야 사다야 도로도로 미연제 마하 미연제 다
라다라 다린나례 새바라 자라자라 마라 미마라 아마라 몰제 예혜혜 로계 새

바라 라아 미사미 나사야 나베 사미 사미 나사야 모하자라 미사미 나사야

호로호로 마라 호로 하례 바나마 나바 사라사라 시리시리 소로소로 못자못

자 모다야 모다야 메다리야 니라간타 가마사 날사남 바라 하리나야 마낙 사

바하 싣다야 사바하 마하 싣다야 사바하 싣다유예 새바라야 사바하 니라 간

타야 사바하 바라하 목카 싱하 목카야 사바하 바나마 하따야 사바하 자가라

욕다야 사바하 상카 섭나네 모다나야 사바하 마하라 구타 다라야 사바하 바

마 사간타 이사 시체다 가릿나 이나야 사바하 마가라 잘마 이바 사나야 사

바하 「나모라 다나 다라 야야 나막 알야 바로기제 새바라야 사바하」 (三遍)

## 사방찬(四方讚)

일쇄동방결도량 이쇄남방득청량 삼쇄서방구정토 사쇄북방영안강
一灑東方潔道場 二灑南方得淸凉 三灑西方俱淨土 四灑北方永安康

## 엄정게(嚴淨偈)

도량청정무하예 삼보천룡강차지 아금지송묘진언 원사자비밀가호
道場淸淨無瑕穢 三寶天龍降此地 我今持誦妙眞言 願賜慈悲密加護

## 참회게(懺悔偈)

백겁적집죄
百劫積集罪

일념돈탕제
一念頓蕩除

여화분고초
如火焚枯草

멸진무유여
滅盡無有餘

참회진언
懺悔眞言

옴 살바 못자모지 사다야 사바하 (三遍)

※ 참회진언 후 설법의식이 거행되며、설법 생략 시는 바로 정지진언(淨地眞言)을 거행한다。

■ 설법의식(說法儀式)
※ 연비 거량(擧揚) 후 說法可也 ⇨ p。三〇六。

정지진언
淨地眞言

결정기세간
潔淨器世間

적광화장인
寂光華藏印

즉이정혜수
卽以定慧水

관념이진법
觀念離塵法

옴 나유타 아다 살바 달마 (三遍)

참회개참회
懺悔皆懺悔

참회실참회
懺悔悉懺悔

참회영참회
懺悔永懺悔

참회개실영참회
懺悔皆悉永懺悔

참회대발원이
懺悔大發願已

종신귀명례삼보
終身歸命禮三寶

정삼업진언 淨三業眞言

옴 사바바바 수다살바 달마 사바바바 수도함 (三遍)

개단진언 開壇眞言

옴 바아라 뇌로 다가다야 삼마야 바라베 사야 훔 (三遍)

건단진언 建壇眞言

옴 난다난다 나지나지 난다바리 사바하 (三遍)

정법계진언 淨法界眞言

나자색선백 羅字色鮮白

진언동법계 眞言同法界

공점이엄지 空點以嚴之　여피계명주 如彼髻明珠　치지어정상 置之於頂上

무량중죄제 無量衆罪除　일체촉예처 一切觸穢處　당가차자문 當可此字門

나무 사만다 못다남 남 (三遍)

200

□ 운수단(雲水壇) □

■ 운수청(雲水請)

상단소(上壇疏)

(피봉식) 소청문소 배헌시방삼보자존
(皮封式) 召請文疏 拜獻十方三寶慈尊

석가여래 유교제자 봉행가지 병법사문 모 근봉
釋迦如來 遺教弟子 奉行加持 秉法沙門 某 謹封

수설대회소
修設大會所

복문 법신무상 내즉상이구진 실상망언 장금언이전현 시이 삼지행만 오위수인
伏聞 法身無相 乃卽相以求眞 實相忘言 仗金言以詮顯 是以 三祇行滿 五位修因

응군기이월인천강 부신심이춘행만국 유기개응 무원부종 금유차일 즉유대단신
應群機而月印千江 赴信心而春行萬國 有祈皆應 無願不從 今有此日 卽有大檀信

모인복위 소천 모인영가 시이 근명 병법사리일원 급법사승일단 이금월금일
某人伏爲 所薦 某人靈駕 是以 謹命 秉法闍梨一員 及法事僧一壇 以今月今日

취어모사 건치천지명양 수륙도량 약일야(주) 양번발첩 결계건단 엄비향화등촉
就於某寺 建置天地冥陽 水陸道場 約一夜(晝) 揚幡發牒 結界建壇 嚴備香花燈燭

다과진식 공양지의 근지황도 소청 시방법계 과현미래 상주삼보 근구칭량 영
茶菓珍食 供養之儀 謹持黃道 召請 十方法界 過現未來 常住三寶 謹具稱揚 迎

청우후 일심봉청 시방상주일체 불타야중 일심봉청 시방상주일체 달마야중 일
請于后 一心奉請 十方常住一切 佛陀耶衆 一心奉請 十方常住一切 達摩耶衆 一

심봉청 시방상주일체 승가야중 우복이 불은주비 불위유감지심 법력난사 능재
心奉請 十方常住一切 僧加耶衆 右伏以 佛恩周庇 不違有感之心 法力難思 能濟

무변지중 복걸각천금상 자광보조어범정 공계진령 위덕감통어차지 금수정공
無邊之衆 伏乞覺天金相 慈光普照於凡情 空界眞靈 威德感通於此地 今修淨供

망사애련 출정광림 화남근소
望賜哀憐 出定光臨 和南謹疏

불기 년 월 일 병법사문 근소
佛紀 年 月 日 秉法沙門 謹疏

거불(擧佛)、혹은 三身거불

나무 불타부중 광림법회
南無 佛陀部衆 光臨法會

나무 달마부중 광림법회
南無 達摩部衆 光臨法會

나무 승가부중 광림법회
南無 僧伽部衆 光臨法會

진령게(振鈴偈)

202

이차진령신소청
以此振鈴伸召請

시방불찰보문지
十方佛刹普聞知

원차영성변법계
願此鈴聲遍法界

무변불성함래집
無邊佛聖咸來集

보소청진언
普召請眞言

나무 보보제리 가리다리 다타 아다야 (三遍)

유치(由致)、혹은 삼보통청 유치

앙유삼보자존 법신담적 절시청이포함태허 보체원명 이방처이확주사계 분형천
仰唯三寶慈尊 法身湛寂 絕視聽而包含太虛 報體圓明 離方處而廓周沙界 分形千

억 수화만방 개비로광대지의문
億 垂化萬邦 開毘盧廣大之義門

조실제유심지보장 육도오행 십성삼현 포자운
照實際幽深之寶藏 六度五行 十聖三賢 布慈雲

어삼천세계 쇄법우어팔만진로 유구개수 여공곡지전성 무원부종 약징담지인월
於三千世界 灑法雨於八萬塵勞 有求皆遂 如空谷之傳聲 無願不從 若澄潭之印月

시이 사바세계 남섬부주 운운 취어 모사 정쇄보계 이금월금일 건설정찬공양
是以 裟婆世界 南贍部洲 云云 就於 某寺 淨灑寶界 以今月今日 虔設淨饌供養

시방삼세 제망중중 무진삼보자존 훈근작법 앙기묘원자 우복이 설명향이예청
十方三世 帝網重重 無盡三寶慈尊 薰勲作法 仰祈妙援者 右伏以 爇茗香而禮請

정옥립이수재 재체수미 건성가민 복원 타심원감 혜안요관 운무연지대비 민유
呈玉粒而修齋 財體雖微 虔誠可愍 伏願 他心遠鑑 慧眼遙觀 運無緣之大悲 愍有

정지미간 잠사보계 약강향연 근운일심 공진삼청
情之微懇 暫辭實界 略降香筵 謹運一心 恭陳三請

나무일심봉청 성천요확 각해왕양 법력난사 대비무애 청정법신 비로자나불 원
南無一心奉請 性天寥廓 覺海汪洋 法力難思 大悲無碍 清淨法身 毘盧遮那佛 圓

만보신 노사나불 천백억화신 석가모니불 극락교주 아미타불 당래교주 미륵존
滿報身 盧舍那佛 千百億化身 釋迦牟尼佛 極樂教主 阿彌陀佛 當來教主 彌勒尊

불 시방삼세 일체상주 진여불보 대방광불화엄경 대승돈교 대승시교
佛 十方三世 一切常住 眞如佛寶 大方廣佛華嚴經 大承頓教 大乘始教

대반야경 대승종교 묘법화경 염화미소 격외선전 시방삼세 일체상주 심심법보
大般若經 大乘終教 妙法華經 拈花微笑 格外禪詮 十方三世 一切常住 甚深法寶

대지문수보살 대행보현보살 대비관세음보살 대원본존지장보살 전불심등 가섭
大智文殊菩薩 大行普賢菩薩 大悲觀世音菩薩 大願本尊地藏菩薩 傳佛心燈 迦葉

존자 유통교해 아난존자 시방삼세 일체상주 청정승보 여시삼보 무량무변 일
尊者 流通教海 阿難尊者 十方三世 一切常住 清淨僧寶 如是三寶 無量無邊 一

일주변 일일진찰 원수자비 광림법회 공청증명 보동공양 (三請)
一周徧 一一塵刹 願垂慈悲 光臨法會 恭請證明 普同供養

향화청 (三說)
香花請

가영(歌詠)

위광변조시방중　월인천강일체동
威光遍照十方中　月印千江一切同

사지원명제성사　분림법회이군생　고아일심귀명정례
四智圓明諸聖士　賁臨法會利群生　故我一心歸命頂禮

헌좌게 (獻座偈)

묘보리좌승장엄　제불좌이성정각　아금헌좌역여시　자타일시성불도
妙菩提座勝莊嚴　諸佛坐已成正覺　我今獻座亦如是　自他一時成佛道

헌좌진언
獻座眞言

옴 바아라 미나야 사바하 (三遍)

다게 (茶偈)

금장묘약급명다　봉헌시방삼보전　감찰단나건간심
今將妙藥及茗茶　奉獻十方三寶前　鑑察檀那虔懇心

원수애납수
願垂哀納受

원수애납수
願垂哀納受

원수자비애납수
願垂慈悲哀納受

보공양진언
普供養眞言

옴 아아나 삼바바 바아라 훔 (三遍)

□ 중단소청(中壇召請) □

■ 소청중위(召請中位)

거불(擧佛)

나무 유명교주 지장보살
南無 幽冥敎主 地藏菩薩

나무 조양진화 도명존자
南無 助揚眞化 道明尊者

나무 조불양화 무독귀왕
南無 助佛揚化 無毒鬼王

시왕소(十王疏)

(피봉식) 소청문소 배헌명부시왕등중
(皮封式) 召請文疏 拜獻冥府 十王等衆

석가여래 유교제자 봉행가지 병법사문 모 근봉
釋迦如來 遺敎弟子 奉行加持 秉法沙門 甲 謹封

수설대회소
修設大會所

절이 지증영명 불처천궁이이물 비심홍광 상거지부이화생 이사생 여호사심 이
切以 智增靈明 不處天宮而利物 悲心弘廣 常居地府而化生 以四生 如乎四心 以

시왕 여호십지 전전혹옥 민중생조업이래 안칙선동 녹함식수복이왕 감명선악
十王 如乎十地 殿前酷獄 愍衆生造業而來 案側善童 錄含識修福而往 鑑明善惡

충현무유 금유차일 사바세계 남섬부주 동양 대한민국 모산 모사 청정수월도
總現無遺 今有此日 裟婆世界 南贍部洲 東洋 大韓民國 某山 某寺 清淨水月道

량 운운 금즉 도량엄판 제성강림 차요청어시왕 원내부어법회 나무 일심봉청
場 云云 今則 道場嚴辦 諸聖降臨 次邀請於十王 願來赴於法會 南無 一心奉請

유명교주 지장왕보살마하살 일심봉청 좌보처 도명존자 우보처 무독
幽冥教主 地藏王菩薩摩訶薩 一心奉請 左補處 道明尊者 右補處 無毒

귀왕 위수 일심봉청 제일진광대왕 일심봉청 제이초강대왕 일심봉청 제삼송제
鬼王 爲首 一心奉請 第一秦廣大王 一心奉請 第二初江大王 一心奉請 第三宋帝

대왕 일심봉청 제사오관대왕 일심봉청 제오염라대왕 일심봉청 제육변성대왕
大王 一心奉請 第四五官大王 一心奉請 第五閻羅大王 一心奉請 第六變成大王

귀왕 일심봉청 제칠태산대왕 일심봉청 제팔평등대왕 일심봉청 제구도시대왕 일심
鬼王 一心奉請 第七泰山大王 一心奉請 第八平等大王 一心奉請 第九都市大王 一心

봉청 제십오도전륜대왕 태산부군 오도대신 십팔옥주 이십사위판관 삼십육위
奉請 第十五道轉輪大王 泰山府君 五道大神 十八獄主 二十四位判官 三十六位

귀왕 삼원장군 이부동자 제위사자 우두마면 졸리아방 제위등중 시방법계 지
鬼王 三元將軍 二府童子 諸位使者 牛頭馬面 卒吏阿旁 諸位等衆 十方法界 地

옥도중 수고유정 시방법계 아귀도중 수고유정 시방법계 방생도중 수고유정

獄道中 受苦有情 十方法界 餓鬼道中 受苦有情 十方法界 傍生道中 受苦有情

각위등중 우복이 직거명전 위열유도 빙중생선악지인 시중생승침지보 파퇴고

各位等衆 又伏以 職居冥殿 位列幽道 憑衆生善惡之因 是衆生昇沈之報 罷堆苦

초 잠도인간 부차석지정연 납금소지묘공 서유명체백 조수초승 원이왕망령

楚 暫到人間 赴此夕之淨筵 納今宵之妙供 庶幽冥滯魄 早遂超昇 願已往亡靈

함등피안 근소

咸登彼岸 謹疏

불기 년 월 일 병법사문 모 근소

佛紀 年 月 日 秉法沙門 某 謹疏

진령게(振鈴偈)

이차진령신소청 명부시왕보문지 원승삼보력가지 금일금시내부회

以此振鈴伸召請 冥府十王普聞知 願承三寶力加持 今日今時來不會

보소청진언

普召請眞言

나무 보보제리 가리다리 다타 아다야 (三遍)

소청염마라왕진언

召請焰摩羅王眞言

옴 살바 염마라 사제비야 사바하 (三遍)

유치(由致)

절이 환희원중 응기대성 월인천강 유명계내 치죄열왕 성라십전 장금석 증침

切以 歡喜園中 應機大聖 月印千江 幽冥界內 治罪列王 星羅十殿 杖金錫 拯沈

윤이물탄 관옥류 판선악이무사 서원난사 위령가외 범욕투 거래지업망 월생사
淪而勿憚 冠玉瑠 判善惡而無私 誓願難思 威靈可畏 凡欲透 去來之業網 越生死

지미진 합진귀의 건진공양 시이 사바세계 모산 모사 청정수월도량 원아금차
之迷津 盡盡歸依 虔陳供養 是以 娑婆世界 某山 某寺 清淨水月道場 願我今次

지극지성 모인복위 모인영가 왕생정찰지원 취어 모사 이금월금일 건설법연
至極至誠 某人伏爲 某人靈駕 往生淨刹之願 就於 某寺 以今月今日 虔說法筵

정찬공양 남방화주 지장대성 위수 도명존자 무독귀왕 명부시왕 태산부군
淨饌供養 南方化主 地藏大聖 爲首 道明尊者 無毒鬼王 冥府十王 泰山府君

오도대신 십팔옥왕 이십사안판관 삼십육위귀왕 삼원장군 이부동자 제위사자
五道大神 十八獄王 二十四案判官 三十六位鬼王 三元將軍 二簿童子 諸位使者

부지명위 제영재등 훈근작법 앙기묘원자 우복이 고해자항대교주 명천일월십
不知名位 諸靈宰等 薰懃作法 仰祈妙援者 右伏以 苦海慈航大教主 明天日月十

명왕 첨수연민지정 각방신통지력 광림법회 영화진방 앙표일심 선진삼청
冥王 僉垂憐愍之情 各放神通之力 光臨法會 永化塵邦 仰表一心 先陳三請

■ 대례청(大禮請)

증명청(證明請)

나무일심봉청 염마라 유명계 취의원정 시상사문 자문광대 원해홍심 현무변신
南無一心奉請 閻魔羅 幽冥界 就依圓頂 示相沙門 慈門廣大 願海弘深 現無邊身

대중생고 문전진석 옥내방광 영제중생 이고수락 대비대원 대성대자 본존지장
代衆生苦 門前振錫 獄內放光 令諸衆生 離苦受樂 大悲大願 大聖大慈 本尊地藏

왕보살마하살 유원자비 강림도량 수차공양 증명공덕 (三請)
王菩薩摩訶薩 唯願慈悲 降臨道場 受此供養 證明功德

향화청 (三說)
香花請

가영 (歌詠)

십구생래위선녀 탈의입지호지장
十九生來爲善女 脫衣入地號地藏

명간위주도생원 지옥문중누만행
冥間爲主度生願 地獄門中淚萬行

고아일심귀명정례
故我一心歸命頂禮

청사 (請詞)

나무일심봉청 인심과만 이리무편 불탄시종지근로 원봉성의이동화 친봉성의
南無一心奉請 因深果滿 二利無偏 不憚始終之勤勞 願奉聖意而同化 親奉聖意

도명존자 동운비심 대변장자 유원자비 강림도량 증명공덕 (三請)
道明尊者 同運悲心 大辯長者 唯願慈悲 降臨道場 證明功德

향화청 (三說)
香花請

가영 (歌詠)

무독왕수일도명 無毒王隨一道明
양가진속작동행 兩家眞俗作同行

남방좌하참진성 南方座下參眞聖
대진현풍제유정 大振玄風濟有情
고아일심귀명정례 故我一心歸命頂禮

헌좌진언
獻座眞言

헌좌게 (獻座偈)

묘보리좌승장엄 妙菩提座勝莊嚴
제불좌이성정각 諸佛坐已成正覺

아금헌좌역여시 我今獻座亦如是
자타일시성불도 自他一時成佛道

옴 바아라 미나야 사바하 (三遍)

다게 (茶偈)

금장감로다 今將甘露茶
봉헌증명전 奉獻證明前

감찰건간심 鑑察虔懇心
원수애납수 願垂哀納受
원수애납수 願垂哀納受

원수자비애납수 願垂慈悲哀納受

보공양진언
普供養眞言

옴 아아나 삼바바 바라 훔 (三遍)

청사(請詞)

나무일심봉청 생전병직 사작명왕 회현감어흉중 결의정어목하 지명지성 장판
南無一心奉請 生前秉直 死作冥王 懷賢鑑於膺中 決疑情於目下 至明至聖 掌判

음사 제일진광대왕 병종권속 유원승 삼보력 강림도량 수차공양
陰司 第一秦廣大王 幷從眷屬 惟願承 三寶力 降臨道場 受此供養

**향화청** (三說)
香花請

**가영**(歌詠)
보천한기진음강 정령전제제일장
普天寒氣振陰網 正令全提第一場
**단철연금중하수** 시지양장의란양
鍛鐵鍊金重下手 始知良匠意難量

**고아일심귀명정례**
故我一心歸命頂禮

청사(請詞)

나무일심봉청 유직비판 정직무사 변시비불왕지정 사고락무변지보 **영명병환**
南無一心奉請 有職批判 正直無私 辨是非不枉之情 賜苦樂無偏之報 靈明炳煥

장판음사 제이초강대왕 병종권속 유원승 삼보력 강림도량 수차공양
掌判陰司 第二初江大王 幷從眷屬 惟願承 三寶力 降臨道場 受此供養

향화청 (三說)
香花請

가영(歌詠)

옥초산작함인기 상하홍요화사지
沃焦山作陷人機 上下烘窯火四支

인견인문경기겁 외위환사부자비 고아일심귀명정례
忍見忍聞經幾劫 外威還似不慈悲 故我一心歸命頂禮

청사(請詞)

나무일심봉청 심상병감 특판음조 훈중생오본심원 계유정무미자성 지명지성
南無一心奉請 心常柄鑑 特判陰曹 訓衆生悟本心源 誠有情無迷自性 至明至聖

장판음사 제삼송제대왕 병종권속 유원승 삼보력 강림도량 수차공양
掌判陰司 第三宋帝大王 幷從眷屬 惟願承 三寶力 降臨道場 受此供養

향화청 (三說)
香花請

가영(歌詠)

사면도산만인위 四面刀山萬仞危
돌연광한투중위 突然狂漢透重圍

장부부재나롱리 丈夫不在羅籠裡
단향인간변시비 但向人間辨是非
고아일심귀명정례 故我一心歸命頂禮

청사(請詞)

나무일심봉청 심회대조 南無一心奉請 心懷大造
항포관자 찰선악지고저 恒抱寬慈 察善惡之高底
시고락지경중 총명정직 장판 施苦樂之輕重 總明正直 掌判

음사 제사오관대왕 병종권속 陰司 第四五官大王 幷從眷屬
유원승 삼보력 강림도량 수차공양 惟願承 三寶力 降臨道場 受此供養

향화청 (三說)
香花請

가영(歌詠)

청백가풍직사형 淸白家風直似衡
기수고하낙인정 豈隨高下落人情

칭두불허창승좌 秤頭不許蒼蠅坐
사자경시실정평 些子傾時失正平
고아일심귀명정례 故我一心歸命頂禮

청사 (請詞)

나무일심봉청 인종원력 책호법왕 주섬부남지금산 처옥초하지보전 명중통어
南無一心奉請 因從願力 冊號法王 住贍部南之金山 處沃焦下之寶殿 冥中統御

총판음사 제오염라대왕 병종권속 유원승 삼보력 강림도량 수차공양
總判陰司 第五閻羅大王 幷從眷屬 惟願承 三寶力 降臨道場 受此供養

향화청 (三說)
香花請

가영 (歌詠)

성화포용여원비
聖化包容如遠比

인간무수부조동
人間無水不朝東

명위독출시왕중
冥威獨出十王中

오도분파진향풍
五道奔波盡向風

고아일심귀명정례
故我一心歸命頂禮

청사 (請詞)

나무일심봉청 권형육도
南無一心奉請 權衡六道

고호변성 탁기인과지상부
故號變成 度其因果之相符

치사승침어이질 심궁보응
致使昇沈於異質 深窮報應

장판음사 제육변성대왕 병종권속 유원승 삼보력 강림도량 수차공양
掌判陰司 第六變成大王 幷從眷屬 惟願承 三寶力 降臨道場 受此供養

향화청 (三說)
香花請

가영 (歌詠)

죄안퇴거소작인 구중감저기쌍친
罪案堆渠所作因 口中甘咀幾雙親

대왕상작자비부 화옥문개방차인
大王尚作慈悲父 火獄門開放此人

고아일심귀명정례
故我一心歸命頂禮

청사 (請詞)

나무일심봉청 위거진단 역호법왕 외외이상모위웅 당당이심안거해 수인온덕
南無一心奉請 位居震旦 亦號法王 鬼鬼而相貌威雄 堂堂而心安巨海 修因蘊德

장판음사 제칠태산대왕 병종권속 유원승 삼보력 강림도량 수차공양
掌判陰司 第七泰山大王 幷從眷屬 惟願承 三寶力 降臨道場 受此供養

향화청 (三說)
香花請

가영 (歌詠)

인완이목예수위 초순명규경향귀
人頑耳目禮雖違 稍順冥規敬向歸

지불책우언가채
智不責愚言可採

일호미선사전비
一毫微善捨前非

고 아일심귀명정례
故我一心歸命頂禮

청사 (請詞)

나무일심봉청 호표평등 덕상인심 호생어편달지간 계욱향고형지제 심회대조
南無一心奉請 號標平等 慮尚仁心 護生於鞭撻之間 誠勘向割刑之際 心懷大造

장판음사 제팔평등대왕 병종권속 유원승 삼보력 강림도량 수차공양
掌判陰司 第八平等大王 幷從眷屬 惟願承 三寶力 降臨道場 受此供養

향화청 (三說)
香花請

청사 (請詞)

나무일심봉청 위전교역 호즉명왕 수명어염마지군 축궁향금강지외 권평두칭
南無一心奉請 位專交易 號則冥王 受命於閻魔之君 築宮向金剛之外 權平斗稱

가영 (歌詠)

명경당대조담간 물도연치야응난 양재입묘개신결 감여왕심일처안 고 아일심귀명정례
明鏡當臺照膽肝 物逃妍媸也應難 諒哉入妙皆神決 鑑與王心一處安 故我一心歸命頂禮

청사 (請詞)

나무일심봉청
南無一心奉請

장판음사 제구도시대왕 병종권속 유원승 삼보력 강림도량 수차공양

掌判陰司 第九都市大王 幷從眷屬 惟願承 三寶力 降臨道場 受此供養

향화청 (三說)

香花請

가영(歌詠)

화위고혼장한발 불인삼난절자운

火爲孤魂長旱魃 佛因三難絶慈雲

건곤진입홍로리 기망오왕우로은

乾坤盡入洪爐裡 幾望吾王雨露恩

고아일심귀명정례

故我一心歸命頂禮

청사(請詞)

나무일심봉청 전신명세 석왕사주 흥권대병지위엄 불이당시지성호 외외기우

南無一心奉請 轉身冥世 昔王四洲 興權大柄之威嚴 不異當時之聖號 嵬嵬氣宇

장판음사 제십오도전륜대왕 병종권속 유원승 삼보력 강림도량 수차공양

掌判陰司 第十五道轉輪大王 幷從眷屬 惟願承 三寶力 降臨道場 受此供養

향화청 (三說)

香花請

가영(歌詠)

고성흥비작차신 古聖興悲作此身
봉장강적현명인 逢場降迹現冥因
방차약불횡교용 棒杈若不橫交用
각지유란견일인 覺地猶難見一人
고아일심귀명정례 故我一心歸命頂禮

청사(請詞)

나무일심봉청 南無一心奉請
직거총수 職居總帥
필보염라 弼補閻羅
장백국지존권 掌百局之尊權
영삼사지중병 領三司之重柄
분부별화 태산 分付別化 泰山

부군 府君
병종권속 유원승 삼보력 강림도량 수차공양
并從眷屬 惟願承 三寶力 降臨道場 受此供養

향화청 (三說) 香花請

가영(歌詠)

분부별화선왕령 分付別化宣王令
악귀영신호전정 惡鬼獰神護殿庭
감보회중제선사 敢報會中諸善士
명지인과대분명 明知因果大分明
고아일심귀명정례 故我一心歸命頂禮

청사 (請詞)

나무일심봉청 심궁죄적 결판무사 승열성지위령 판중생지선악 이십사안 제위
南無一心 奉請 尋窮罪跡 決辦無私 承列聖之威靈 判衆生之善惡 二十四案 諸位

판관 병종권속 유원승 삼보력 강림도량 수차공양
判官 幷從眷屬 惟願承 三寶力 降臨道場 受此供養

향화청 (三說)
香花請

가영 (歌詠)

사해증청공일가
四海澄清共一家

여금세란개군견
如今世亂皆群犬

송정요적절효화
訟庭寥寂絶囂譁

공사제사판사다
空使諸司判事多

고아일심귀명정례
故我一心歸命頂禮

청사 (請詞)

나무일심봉청 여래친예 위호분명 일십팔장옥지도관 무앙수 군생지화주 염마
南無一心 奉請 如來親詣 位號分明 一十八掌獄之都官 無央數 群生之化主 焰魔

전하 가연등중 이구제왕 병종권속 유원승 삼보력 강림도량 수차공양
殿下 迦延等衆 二九諸王 幷從眷屬 惟願承 三寶力 降臨道場 受此供養

향화청 (三說)
香花請

가영(歌詠)
의천장검장부행 倚天長劍丈夫行
각정위풍안전광 各逞威風眼電光
방하유인지통부 棒下有人知痛否
일권권도태산강 一拳拳倒泰山崗
고아일심귀명정례 故我一心歸命頂禮

청사 (請詞)
나무일심봉청 금강수제 南無一心奉請 金剛水際
철위산간 鐵圍山間
보달보살지친림 普達菩薩之親臨
업집로생지고처 業集勞生之苦處
항가금등 恒加禁等
사구제왕 화악독등 四九諸王 火惡毒等
이구제왕 병종권속 二九諸王 幷從眷屬
유원승 惟願承
삼보력 三寶力
강림도량 降臨道場
수차공양 受此供養

향화청 (三說)
香花請

가영(歌詠)
경위정전검극횡 敬衛庭前劍戟橫
차왕요좌진현량 此王僚佐盡賢良

일궁쇄소선종외

一宮灑掃先從外

기여무고왕불앙　고아일심귀명정례

豈與無辜枉不殃　故我一心歸命頂禮

### 청사(請詞)

나무일심봉청 위령가외 정직난사 위양도추섭지신 작음사첩질지주 경순도통

南無一心奉請 威靈可畏 正直難思 爲陽道追攝之神 作陰司捷疾之主 敬巡都統

오도대신 삼원장군 이부동자 병종권속 유원승 삼보력 강림도량 수차공양

五道大神 三元將軍 二部童子 幷從眷屬 惟願承 三寶力 降臨道場 受此供養

고아일심귀명정례

故我一心歸命頂禮

### 향화청 (三說)

香花請

### 가영(歌詠)

고래원채기어친 막약다생불식인

古來怨債起於親 莫若多生不識人

향아불전여광제 무연진개대비은

向我佛前如廣濟 無緣眞箇大悲恩

고아일심귀명정례

故我一心歸命頂禮

### 청사(請詞)

나무일심봉청 기도백만 역조명왕 수국분이안배 축제사이구사 삼색종관 사직

南無一心奉請 其徒百萬 力助冥王 隨局分以安排 逐諸司而驅使 三色從官 四直

사자 우두마면 졸리제반 병종권속 유원승 삼보력 강림도량 수차공양

使者 牛頭馬面 卒吏諸班 幷從眷屬 惟願承 三寶力 降臨道場 受此供養

**향화청** (三說)

香花請

가영(歌詠)

내왕군관지로두　황천풍경즉선유

來往群官指路頭　黃泉風景卽仙遊

행인불식도원동　지설향파범수류

行人不識桃源洞　只說香葩泛水流

고 아일심귀명정례

故我一心歸命頂禮

내림게(來臨偈)

**명간일십대명왕　능사망령도정방**

冥間一十大冥王　能使亡靈到淨邦

산화락 (三說)

散花落

**명간일십대명왕　능사망령도정방　원승불력내강림　현수영험좌도량**

冥間一十大冥王　能使亡靈到淨邦　願承佛力來降臨　現垂靈驗坐道場

**원강도량 수차공양** (三說)

願降道場 受此供養

**모란작약 연화위존귀 증여여래 친족진금체**
牧丹芍藥 蓮花爲尊貴 曾與如來 襯足眞金體

**구품지중 화생보리자 불석금전 매헌용화회**
九品池中 化生菩提子 不惜金錢 買獻龍華會

(요잡시 일변위의열립시위왕번 입어정중 순회삼잡후 향법당 법주 창보례삼보)
(繞匝時 一邊威儀列立侍衛王番 立於庭中 順回三匝後 向法堂 法主 唱普禮三寶)

**보례삼보(普禮三寶)**

**근백 시왕등중 기수건청 이강향단 당제방일지심 가발은근지의 투성천종 간의**
謹白 十王等衆 旣受虔請 已降香壇 當除放逸之心 可發慇懃之意 投誠千種 懇意

**만단 상삼보지난봉 경일심이신례 하유보례지게 대중수언후화**
萬端 想三寶之難逢 傾一心而信禮 下有普禮之偈 大衆隨言後和

**보례시방무상존**
普禮十方無上尊

**오지십신제불타**
五智十身諸佛陀

**보례시방이욕존**
普禮十方離欲尊

**오교삼승제달마**
五敎三乘諸達摩

**보례시방중중존**
普禮十方衆中尊

**대승소승제승가**
大乘小乘諸僧伽

헌좌안위(獻座安位)

재백 시왕등중 기정삼업 이례시방 소요자재이무구 적정안한이유락 자자 향등
再白 十王等衆 旣淨三業 已禮十方 逍遙自在以無拘 寂靜安閑而有樂 玆者 香燈

호열 화과교진 기부연회이기영 의정용의이취좌 하유안좌지게 대중수언후화
互列 花果交陳 旣敷筵會以祇迎 宜整容儀而就座 下有安座之偈 大衆隨言後和

(인도 창법성게 지중단시왕번단상 열립창헌좌게)
(引導 唱法性偈 至中壇十王番壇上 列立唱獻座偈)

## 법성게(法性偈)

법성원융무이상 제법부동본래적 무명무상절일체 증지소지비여경
法性圓融無二相 諸法不動本來寂 無名無相絶一切 證智所知非餘境

진성심심극미묘 불수자성수연성 일중일체다중일 일즉일체다즉일
眞性甚深極微妙 不守自性隨緣成 一中一切多中一 一卽一切多卽一

일미진중함시방 일체진중역여시 무량원겁즉일념 일념즉시무량겁
一微塵中含十方 一切塵中亦如是 無量遠劫卽一念 一念卽是無量劫

구세십세호상즉 잉불잡란격별성 초발심시변정각 생사열반상공화
九世十世互相卽 仍不雜亂隔別成 初發心時便正覺 生死涅槃相共和

이사명연무분별 십불보현대인경 능인해인삼매중 번출여의부사의
理事冥然無分別 十佛普賢大人境 能仁海印三昧中 繁出如意不思議

우보익생만허공 雨寶益生滿虛空　중생수기득이익 衆生隨器得利益　시고행자환본제 是故行者還本際　파식망상필부득 叵息妄想必不得

무연선교착여의 無緣善巧捉如意　귀가수분득자량 歸家隨分得資糧　이다라니무진보 以陀羅尼無盡寶　장엄법계실보전 莊嚴法界實寶殿

궁좌실제중도상 窮坐實際中道床　구래부동명위불 舊來不動名爲佛

헌좌게(獻座偈)

아금경설보엄좌 我今敬設寶嚴座　보헌일체명왕중 普獻一切冥王衆　원멸진로망상심 願滅塵勞妄相心　속원해탈보리과 速圓解脫菩提果

헌좌진언 獻座眞言

옴 가마라 승하 사바하 (三遍)

다게(茶偈)

청정명다약 清淨茗茶藥　능제병혼침 能除病昏沈　유기명왕중 惟冀冥王衆

원수애납수 願垂哀納受　원수애납수 願垂哀納受　원수자비애납수 願垂慈悲哀納受

226

욕건만나라선송 정법계진언 옴 남 (三七遍)

欲建曼拏羅先誦 淨法界眞言

공양게(供養偈) 或、「공양시방조어사 연양청정미묘법 삼승사과해탈승 원수云云」

공양시방삼세불 용궁해장묘만법 보살연각성문승

供養十方三世佛 龍宮海藏妙萬法 菩薩緣覺聲聞僧

원수애납수 원수애납수 원수자비애납수

願垂哀納受 願垂哀納受 願垂慈悲哀納受

■ 가지변공(加持變供)

향수나열 재자건성 욕구공양지주원 수장가지지변화 앙유삼보 특사가지

香羞羅列 齋者虔誠 欲求供養之周圓 須仗加持之變化 仰唯三寶 特賜加持

「나무시방불 나무시방법 나무시방승」 (三說)

南無十方佛 南無十方法 南無十方僧

무량위덕 자재광명 승묘력 변식진언

無量威德 自在光明 勝妙力 變食眞言

나막 살바다타 아다 바로기제 옴 삼바라 삼바라 훔 (三遍)

施甘露水眞言
시감로수진언

나무 소로바야 다타아다야 다냐타 옴 소로소로 바라소로 바라소로 사바하 (三遍)

一字水輪觀眞言
일자수륜관진언

옴 밤 밤 밤밤 (三遍)

乳海眞言
유해진언

나무 사만다 못다남 옴 밤 (三遍)

오공양(五供養)

上來 加持已訖 變化無窮 以此香羞 特伸供養
상래 가지이흘 변화무궁 이차향수 특신공양

香供養燃香供養　燈供養燃燈供養　茶供養仙茶供養
향공양연향공양　등공양연등공양　다공양선다공양

果供養仙果供養　花供養仙花供養　米供養香米供養
과공양선과공양　화공양선화공양　미공양향미공양

不捨慈悲受此供養
불사자비수차공양

가지게(加持偈)

이차가지묘공구
以此加持妙供具
공양시방제불타
供養十方諸佛陀

이차가지묘공구
以此加持妙供具
공양시방제달마
供養十方諸達摩

이차가지묘공구
以此加持妙供具
공양시방제승가
供養十方諸僧伽

실개수공발보리
悉皆受供發菩提
시작불사도중생
施作佛事度衆生

보공양진언
普供養眞言
옴 아아나 삼바바 바라 훔 (三遍)

보회향진언
普回向眞言
옴 삼마라 삼마라 미만나 사라마하 자거라바 훔 (三遍)

대원성취진언
大願成就眞言
옴 아모카 살바다라 사다야 시베 훔 (三遍)

보궐진언
補闕眞言
옴 호로호로 사야목계 사바하 (三遍)

탄백(歎白)

대해중수가음진
大海中水可飮盡
허공가량풍가계
虛空可量風可繫

찰진심념가수지
刹盡心念可數知
무능진설불공덕
無能盡說佛功德

# 축원(祝願)

앙고 仰告 시방삼세 十方三世 제망중중 帝網重重 무진삼보자존 無盡三寶慈尊 불사자비 不捨慈悲 허수낭감 許垂朗鑑 상래소수불공덕 上來所修佛功德

회향삼처실원만 回向三處悉圓滿 시이 是以 사바세계 裟婆世界 남섬부주 南贍部洲 동양 東洋 대한민국 大韓民國 모사 某寺 청정수월도량 淸淨水月道場

원아금차 願我今此 지극지정성 至極之精誠 ○○재 齋 천혼재자 薦魂齋者 모처거주 某處居住 모인복위 某人伏爲 소천 所薦 모인영가 某人靈駕 이차 以此

인연공덕 因緣功德 앙몽제불보살 仰蒙諸佛菩薩 애민섭수지묘력 哀愍攝受之妙力 다겁생래 多劫生來 소작지죄업 所作之罪業 실개소멸 悉皆消滅 부답 不踏

명로 冥路 초생극락 超生極樂 구품연대 九品蓮臺 상품상생 上品上生 친견미타 親見彌陀 마정수기 摩頂授記 돈오무생 頓悟無生 법인지대원 法忍之大願

억원 抑願 금차지극지정성 今此至極至精誠 불공발원재자 佛供發願齋者 각각등보체 各各等保體 앙몽삼보대성존 仰蒙三寶大聖尊 가호지묘력 加護之妙力

이차인연공덕 以此因緣功德 신무일체병고액난 身無一切病苦厄難 심무일체탐연미혹 心無一切貪戀迷惑 영위소멸 永爲消滅 사대강건 四大强健 육근청정 六根淸

정 淨 자손창성 子孫昌盛 수명장수 壽命長壽 만사여의원만 萬事如意圓滿 성취지대원 成就之大願

연후원 然後願 항사법계 恒沙法界 무량불자 無量佛子 동유화장장엄해 同遊華藏莊嚴海 동입보리대도량 同入菩提大道場 상봉화엄불보살 常逢華嚴佛菩薩

항몽제불대광명 소멸무량중죄장 획득무량대지혜 돈성무상최정각 광도법계제

恒蒙諸佛大光明　消滅無量衆罪障　獲得無量大智慧　頓成無上最正覺　廣度法界諸

중생 이보제불막대은 세세상행보살도 구경원성살바야 마하반야바라밀

衆生　以報諸佛莫大恩　世世常行菩薩道　究竟圓成薩婆若　摩訶般若婆羅蜜

※ 축원 대신 회심곡과 축원화청을 거행할 수 있다.

회심곡(回心曲) 云云

축원화청(祝願和請)

공덕공덕 상래소수불공덕

功德功德　上來所修佛功德

원만원만 회향삼처실원만

圓滿圓滿　回向三處悉圓滿

정유리광 상덕홍련 융궁현전 반지수의 계천입극 성덕대부

淨琉璃光　上德紅蓮　隆宮現前　攀枝樹依　繼天立極　聖德大敷

복원 성은광대 항위만승지지존 도안원명 영작천추지보감

伏願　聖恩廣大　恒爲萬乘之至尊　道眼圓明　永作千秋之寶鑑

형탈근진 속증낙방무량수 요명심지 해통화장석가존

逈脫根塵　速證樂邦無量壽　了明心地　該通華藏釋迦尊

자미장조어심궁 옥엽항부어상원
紫微長照於深宮 玉葉恒敷於上苑

천화지리 물부시강 만상함춘 화훼부무
天和地利 物阜時康 萬像含春 花卉敷茂

앙명어원 서애황도 풍이조 우이순 화등구수 맥수이지
仰鳴於苑 瑞靄皇都 風以調 雨以順 禾登九穗 麥秀二枝

관이경 민이환 문치승평 무언간과
官以慶 民以歡 文致昇平 武偃干戈

억조창생 고복어환중 광대불법 홍양어세외
億兆蒼生 鼓腹於寰中 廣大佛法 弘揚於世外

삼천계내 무비예의지강산 팔문장안 진시자비지도량
三千界內 無非禮義之江山 八門長安 盡是慈悲之道場

소유시방세계중 삼세일체인사자 아이청정신어의 일일변례진무여
所有十方世界中 三世一切人獅子 我以淸淨身語意 一一徧禮盡無餘

팔황태평 사이불침 국태민안법륜전
八荒太平 四夷不侵 國泰民安法輪轉

법륜상전어무궁 국계항안어만세
法輪常轉於無窮 國界恒安於萬歲

원아금유차일 사바세계 남섬부주 모처거주 모인복위 소천 모인영가
願我今有此日 娑婆世界 南贍部洲 某處居住 某人伏爲 所薦 某人靈駕

이차인연공덕 왕생극락지대원 함탈윤회지고뇌 공증불과지대원

以此因緣功德 往生極樂之大願 咸脫輪回之苦惱 共增佛果之大願

금일 생축재자 모인 각각등보체

今日 生祝齋者 某人 各各等保體

명장명장수명장 수명즉세월이무궁 쾌락즉진사이막유

命長命長命長 壽命卽歲月以無窮 快樂則塵沙以莫有

공양자 하복이불성 예배자 하앙이불멸

供養者 何福而不成 禮拜者 何殃而不滅

일일유천상지경 시시무백해지재 상봉길경 불봉재해 재맹설산 복집운흥

日日有千祥之慶 時時無百害之災 相逢吉慶 不逢災害 災萌雪散 福集雲興

연후원 무변법계 유식함령 장차성현공덕 구성정각 토지가람호도량

然後願 無邊法界 有識含靈 仗此聖賢功德 俱成正覺 土地伽藍護道場

세세상행보살도 구경원성살바야 마하반야바라밀

世世常行菩薩道 究竟圓成薩婆若 摩訶般若波羅蜜

□ 중단권공(中壇勸供) □

욕건만나라선송 정법계진언　옴　남 (二七遍)
欲建曼拏羅先誦　淨法界眞言

공양게(供養偈)

아금화출백천수　각집향화등다과　봉헌명간대회전
我今化出百千手　各執香華燈茶果　奉獻冥間大會前

원수애납수　원수애납수　원수자비애납수
願垂哀納受　願垂哀納受　願垂慈悲哀納受

■ 가지변공(加持變供)

절이 향등경경 옥루침침 금당상공 대성지존 역가차헌 명왕지중 자자 중신격절
切以 香燈耿耿 玉漏沈沈 今當上供 大聖之尊 亦可次獻 冥王之衆 茲者 重伸激切

재설명향 욕성공양지주원 수장가지지변화 앙유삼보 부사증명
再爇茗香 欲成供養之周圓 須仗加持之變化 仰惟三寶 俯賜證明

「나무시방불 나무시방법 나무시방승」(三說)
南無十方佛 南無十方法 南無十方僧

무량위덕 자재광명 승묘력 변식진언
無量威德 自在光明 勝妙力 變食眞言

시감로수진언
施甘露水眞言

나막 살바다타 아다 바로기제 옴 삼바라 삼바라 훔 (二七遍)

일자수륜관진언
一字水輪觀眞言

나무 소로바야 다타아다야 다냐타 옴 소로소로 바라소로 바라소로 사바하 (二七遍)

옴 밤 밤 밤밤 (二七遍)

유해진언
乳海眞言

나무 사만다 못다남 옴 밤 (二七遍)

오공양(五供養) 或 運心偈

상래 가지이흘 변화무궁 이차향수 특신배헌
上來 加持已訖 變化無窮 以此香羞 特伸拜獻

향공양연향공양 등공양연등공양 다공양선다공양
香供養燃香供養 燈供養燃燈供養 茶供養仙茶供養

과공양선과공양 화공양선화공양 미공양향미공양
果供養仙果供養 花供養仙花供養 米供養香米供養

불사자비수차공양
不捨慈悲受此供養

이차가지묘공구 공양지장대성존
以此加持妙供具 供養地藏大聖尊

이차가지묘공구 공양도명무독존
以此加持妙供具 供養道明無毒尊

이차가지묘공구 공양명부시왕중
以此加持妙供具 供養冥府十王衆

이차가지묘공구 공양태산부군중
以此加持妙供具 供養泰山府君衆

이차가지묘공구 공양판관귀왕중
以此加持妙供具 供養判官鬼王衆

이차가지묘공구 공양장군동자중
以此加持妙供具 供養將軍童子衆

이차가지묘공구 공양사자졸리중
以此加持妙供具 供養使者卒吏衆

실개수공발보리 시작불사도중생
悉皆受供發菩提 施作佛事度衆生

보공양진언
普供養眞言

옴 아아나 삼바바 바라 훔 (三遍)

236

보회향진언 普回向眞言

옴 삼마라 삼마라 미만나 사라마하 자거라바 훔 (三遍)

마하반야바라밀다심경 摩訶般若波羅蜜多心經

관자재보살 觀自在菩薩 행심반야바라밀다시 行深般若波羅蜜多時 조견오온개공 照見五蘊皆空 도일체고액 度一切苦厄 사리자 舍利子 색불이공 色不異空

공불이색 空不異色 색즉시공 色卽是空 공즉시색 空卽是色 수상행식 受想行識 역부여시 亦復如是 사리자 舍利子 시제법공상 是諸法空相 불생불멸 不生不滅

불구부정 不垢不淨 부증불감 不增不減 시고공중무색 是故空中無色 무수상행식 無受想行識 무안이비설신의 無眼耳鼻舌身意 무색성향미촉법 無色聲香味觸法

무안계 無眼界 내지무의식계 乃至無意識界 무무명 無無明 역무무명진 亦無無明盡 내지무노사 乃至無老死 역무노사진 亦無老死盡 무고집멸도 無苦集滅道

무지역무득 無智亦無得 이무소득고 以無所得故 보리살타 菩提薩埵 의반야바라밀다고 依般若波羅蜜多故 심무가애 心無罣礙 무가애고 無罣礙故 무유 無有

공포 恐怖 원리전도몽상 遠離顚倒夢想 구경열반 究竟涅槃 삼세제불 三世諸佛 의반야바라밀다고 依般若波羅蜜多故 득아뇩다라삼먁삼보리 得阿耨多羅三藐三菩提

리 提 고지반야바라밀다 故知般若波羅蜜多 시대신주 是大神呪 시대명주 是大明呪 시무상주 是無上呪 시무등등주 是無等等呪 능제일체고 能除一切苦

진실불허 고설반야바라밀다주 즉설주왈

眞實不虛 故說般若波羅蜜多呪 卽說呪曰

「아제아제 바라아제 바라승아제 모지 사바하」(三遍)

금강반야바라밀경찬

金剛般若波羅蜜經讚

여시아문 선남자선여인 수지독송 차경찬일권 여전금강경 삼십만편 우득신명

女是我聞 善男子善女人 受持讀誦 此經纂一卷 如轉金剛經 三十萬遍 又得神明

가호 중성제휴 국건대력칠년 비산현령 유씨여자 연일십구세 신망지칠일 득견

加護 衆聖提攜 國建大曆七年 毘山縣令 劉氏女子 年一十九歲 身亡至七日 得見

염라대왕 문왈 일생이래 작하인연 여자답왈 일생이래 편지득금강경 우문왈

閻羅大王 問曰 一生已來 作何因緣 女子答曰 一生已來 偏持得金剛經 又問曰

하불념금강경찬 여자답왈 연세상무본 왕왈 방여환활 분명기취 경문 종여시아

何不念金剛經纂 女子答曰 緣世上無本 王曰 放汝還活 分明記取 經聞 從如是我

문 지신수봉행 도계오천일백사십구자 육십구불 오십일세존팔십오여래 삼십칠

聞 至信受奉行 都計五千一百四十九字 六十九佛 五十一世尊八十五如來 三十七

보살 일백삼십팔수보리 이십육선남자선여인 삼십팔하이고 삼십육중생 삼십일

菩薩 一百三十八須菩提 二十六善男子善女人 三十八何以故 三十六衆生 三十一

어의운하 삼십여시 이십구아뇩다라삼먁삼보리 이십일보시 십팔복덕 일십삼항

於意云何 三十如是 二十九阿耨多羅三藐三菩提 二十一布施 十八福德 一十三恒

하사 십이미진 칠개삼천대천세계 칠개삼십이상 팔공덕 팔장엄 오바라밀 사수
河沙 十二微塵 七箇三千大千世界 七箇三十二相 八功德 八莊嚴 五波羅蜜 四須

다원 사사다함 사아나함 사아라한 차시사과선인 여아석위가리왕 할절신체 여
陀洹 四斯陀含 四阿那含 四阿羅漢 此是四果僊人 如我昔爲歌利王 割截身體 如

아왕석 절절지해시 약유아상인상중생상수자상 일일무아견인견중생견수자견
我往昔 節節支解時 若有我相人相衆生相壽者相 一一無我見人見衆生見壽者見

삼비구니수내 칠사구게 「마하반야바라밀」 (三說)
三比丘尼數內 七四句偈 摩訶般若波羅蜜

반야무진장진언
般若無盡藏眞言
나모 바가바제 바리야 바라미다예 다냐타 옴 하리다리
새리수로지 삼미리지 빌사예 사바하 (三遍)

금강심진언
金剛心眞言
옴 오륜이 사바하 (三遍)

불설소재길상다라니
佛說消災吉祥陀羅尼
나무 사만다 못다남 아바라지 하다사 사나남 다냐타 옴 카카 카혜 카혜 훔훔
아바라 아바라 바라아바라 바라아바라 지따 지따 지리 지리 빠다 빠다 선지
가 시리예 사바하 (三遍)

대원성취진언 大願成就眞言

옴 아모카 살바다라 사다야 시베 훔 (三遍)

보궐진언 補闕眞言

옴 호로호로 사야목계 사바하 (三遍)

지장대성위신력 地藏大聖威神力　탄백(歎白)

항하사겁설난진 恒河沙劫說難盡
견문첨례일념간 見聞瞻禮一念間
이익인천무량사 利益人天無量事

원아금일 지극지성 설판예배 천혼재자　원아게(願我偈)
願我今日 至極至誠 設辦禮拜 薦魂齋者
모처거주 某處居住
모인등복위 某人等伏爲
소천망 所薦亡
모인영가 某人靈駕

장차공양 인연공덕 왕생정토 친견미타 몽불수기 돈성정각지원 역원 상서선망
仗此供養 因緣功德 往生淨土 親見彌陀 蒙佛授記 頓成正覺之願 亦願 上逝先亡

부모조상 각각열명영가 원왕생
父母祖上 各各列名靈駕 願往生

지심걸청 중생도진 당증보리 지옥미제 서불성불 대비대원 대성대자 본존지장　화청(和請)
至心乞請 衆生度盡 當證菩提 地獄未濟 誓不成佛 大悲大願 大聖大慈 本尊地藏

보살 금일영가 애민부호 속리고해 당생정찰
菩薩 今日靈駕 哀憫扶護 速離苦海 當生淨刹

지심걸청 입대서원 도명존자 발홍서원 무독귀왕 즉이본원 흥대비심 금일영가
至心乞請 立大誓願 道明尊者 發弘誓願 無毒鬼王 卽以本願 興大悲心 今日靈駕

애민부호 속리고해 생어정찰
哀憫扶護 速離苦海 生於淨刹

지심걸청 금일당재 제모대왕 안열종관 병종권속 원아금일 모인영가 애민부호
至心乞請 今日當齋 第某大王 案列從官 并從眷屬 願我今日 某人靈駕 哀憫扶護

속리고해 당생정찰
速離苦海 當生淨刹

지심걸청 제일진광대왕 제이초강대왕 제삼송제대왕 제사오관대왕 제오염라대
至心乞請 第一秦廣大王 第二初江大王 第三宋帝大王 第四五官大王 第五閻羅大

왕 제육변성대왕 제칠태산대왕 제팔평등대왕 제구도시대왕 제십오도전륜대왕
王 第六變成大王 第七泰山大王 第八平等大王 第九都市大王 第十五道轉輪大王

전원아금일 모인영가 애민부호 속리고해 당생정찰
前願我今日 某人靈駕 哀憫扶護 速離苦海 當生淨刹

지심걸청 직거총수 필보염라 장백국지존권 영삼사지중병 분부별화 태산부군
至心乞請 職居總帥 弼補閻羅 掌百局之尊權 領三司之重柄 分付別化 泰山府君

판관귀왕 장군동자 제위사자 부지명위 제영재등 원아금일 모인영가 애민부호
判官鬼王 將軍童子 諸位使者 不知名位 諸靈宰等 願我今日 某人靈駕 哀愍扶護

속리고해 당생정찰
速離苦海 當生淨刹

지심걸청 남방교화 접인중생 「지장보살」 (百八遍千遍云)
至心乞請 南方教化 接引衆生 「地藏菩薩」

지장보살멸정업진언
地藏菩薩滅定業眞言

옴 바라 마니 다니 사바하 (三遍)

탄백(歎白)

막언지장득한유 지옥문전누불수 조악인다수선소 남방교화기시휴
莫言地藏得閑遊 地獄門前淚不收 造惡人多修善少 南方教化幾時休

축원(祝願)

앙고 유명교주지장보살 좌우보처 명부시왕 안열종관 제령재등 불사자비 애민
仰告 幽冥教主地藏菩薩 左右補處 冥府十王 案列從官 諸靈宰等 不捨慈悲 哀愍

섭수 금일설판재자 모인복위 모인영가 영가위주 역법사계사 현고현비 다생
攝受 今日設辦齋者 某人伏爲 某人靈駕 靈駕爲主 亦爲法師戒師 顯考顯妣 多生

사장 누세종친 일체권속 열명영가 이차승연 속리삼계 동생구련 견불문법 속
師長 累世宗親 一切眷屬 列名靈駕 以此勝緣 速離三界 同生九蓮 見佛聞法 速

성불과지대원 억원 재자모인등 돈단음노치 근수계정혜 사사시주증복수 법계

成佛果之大願 抑願 齋者某人等 頓斷婬怒癡 勤修戒定慧 四事施主增福壽 法界

함령등피안 마하반야바라밀

含靈登彼岸 摩訶般若波羅蜜

지장대성서원력 항사중생출고해 십전조율지옥공 업진중생방인간

地藏大聖誓願力 恒沙衆生出苦海 十殿調律地獄空 業盡衆生放人間

원왕생 원왕생 금일각각 열명영가 원왕생 성정각

願往生 願往生 今日各各 列名靈駕 願往生 成正覺

액소제 액소제 금일각각재자보체 액소제 수명장

厄消除 厄消除 今日各各齋者保體 厄消除 壽命長

以上 各拜齋ㅡ大禮請 終

※ 대례청을 마친 후 왕공시식을 거행한다.

# ● 왕공시식(王供施食)

## 거불(擧佛)

나무 아미타불
南無 阿彌陀佛

나무 관세음보살
南無 觀世音菩薩

나무 대세지보살
南無 大勢至菩薩

## 창혼(唱魂)

거사바세계 남섬부주 동양 대한민국 모처 모산하 모사 청정수월도량 금차
據 娑婆世界 南瞻部洲 東洋 大韓民國 某處 某山下 某寺 清淨水月道場 今此

지극지정성 ○○재시 천혼재자 모처거주 모인복위 소천선 모인영가 「재설·삼
至極至精誠 ○○齋時 薦魂齋者 某處居住 某人伏爲 所薦先 某人靈駕 「再說。三

설」 재당 ○○재 지신 모인영가복위 위주 상세선망부모 다생사장 누세종친 제
說」 齋堂 ○○齋 至信 某人靈駕伏爲 偏主 上世先亡父母 多生師長 累世宗親 弟

형숙백 자매질손 일체친속등 각열위열명영가 차사최초 창건이래 지어중건중
兄叔伯 姉妹姪孫 一切親屬等 各列位列名靈駕 此寺最初 創建以來 至於重建重

수 화주시주 도감별좌 불전내외 일용범제집물 대소결연 수위동참등 각열위열
修 化主施主 都監別座 佛前內外 日用凡諸什物 大小結緣 守衛同參等 各列位列

명영가 내지 철위산간 오무간지옥 일일일야 만사만생 만반고통 수고함령등중
名靈駕 乃至 鐵圍山間 五無間地獄 一日一夜 萬死萬生 萬般苦痛 受苦含靈等衆

각열위영가 겸급법계 사생칠취 삼도팔난 사은삼유 일체유식 함령등중 각열위
各列位靈駕 兼及法界 四生七趣 三途八難 四恩三有 一切有識 含靈等衆 各列位

영가 차도량내외 동상동하 유주무주 침혼체백 일체애혼 고혼불자등 각각열위
靈駕 此道場內外 洞上洞下 有主無主 沈魂滯魄 一切哀魂 孤魂佛子等 各各列位

열명영가
列名靈駕

착어(著語)

영원담적 무고무금 묘체원명 하생하사 변시 석가세존 마갈엄관지시절 달마대
靈源湛寂 無古無今 妙體圓明 何生何死 便是 釋迦世尊 摩竭掩關之時節 達摩大

사 소림면벽지가풍 소이 니련하측 곽시쌍부 총령도중 수휴척리 제불자 환회
師 少林面壁之家風 所以 泥蓮河側 槨示雙趺 蔥嶺途中 手携隻履 諸佛子 還會

득 무생멸저 일구마 (양구) 청산첩첩군면목 창해망망고인심 약야회득 돈증법
得 無生滅底 一句麼 (良久) 青山疊疊君面目 蒼海茫茫古人心 若也會得 頓證法

※ 앞서 거행한 착어 대신 다음의 게송을 착어로 거행할 수도 있다.

등령연일개주인공 천고허현좌도량 정체당당명일월 왕래상재열반상
等靈然一箇主人公 千古虛玄坐道場 正體堂堂明日月 往來常在涅槃床

진령게(振鈴偈)

이차진령신소청 명도귀계보문지 원승삼보력가지 금일(야)금시내부회
以此振鈴伸召請 冥途鬼界普聞知 願承三寶力加持 今日(夜)今時來赴會

상래소청 제불자등 각열위열명영가
上來召請 諸佛子等 各列位列名靈駕

자광조처연화출 혜안관시지옥공 우황대비신주력 중생성불찰나중
慈光照處蓮花出 慧眼觀時地獄空 又況大悲神呪力 衆生成佛刹那中

천수일편위고혼 지심제청 지심제수
千手一片爲孤魂 至心諦聽 至心諦受

신묘장구대다라니
神妙章句大陀羅尼

나모라 다나 다라 야야 나막 알야 바로기제 새바라야 모지 사다바야 마하 사

다바야 마하 가로 니가야 옴 살바 바예수 다라나 가라야 다사명 나막 가리다

바 이맘 알야 바로기제 새바라 다바 니라간타 나막 하리나야 마발다 이사미

살발타 사다남 수반 아예염 살바 보다남 바바말아 미수다감 다냐타 옴 아로

계 아로가 마지로가 지가란제 혜혜하례 마하 모지 사다바 사마라 사마라 하

리나야 구로구로 갈마 사다야 사다야 도로도로 미연제 마하 미연제 다라다라

다린나례 새바라 자라자라 마라 미마라 아마라 몰제 예혜혜 로계 새바라 라

아 미사미 나사야 나베 사미 사미 나사야 모하자라 미사미 나사야 호로호로

마라 호로 하례 바나마 나바 사라사라 시리시리 소로소로 못자못자 모다야

모다야 메다리야 니라간타 가마사 날사남 바라 하리나야 마낙 사바하 싣다야

사바하 마하 싣다야 사바하 싣다유예 새바라야 사바하 니라 간타야 사바하

바라하 목카 싱하 목카야 사바하 바나마 하따야 사바하 자가라 욕다야 사바

하 상카 섭나네 모다나야 사바하 마하라 구타 다라야 사바하 바마 사간타 이

사 시체다 가릿나 이나야 사바하 먀가라 잘마 이바 사나야 사바하 「나모라

다나 다라 야야 나막 알야 바로기제 새바라야 사바하」(三遍)

천수신주진언 千手神呪眞言
옴 아로 사바하 唵 阿嚕 莎波訶 (三遍)

약인욕요지 若人欲了知
삼세일체불 三世一切佛 응관법계성 應觀法界性 일체유심조 一切唯心造

파지옥진언 破地獄眞言
옴 가라지야 사바하 (三遍)

해원결진언 解冤結眞言
옴 삼다라 가닥 사바하 (三遍)

보소청진언 普召請眞言
나무 보보제리 가리다리 다타 아다야 (三遍)

나무상주시방불 南無常住十方佛 나무상주시방법 南無常住十方法 나무상주시방승 南無常住十方僧 (三說)

나무대자대비 南無大慈大悲 救苦觀世音菩薩 구고관세음보살 (三說)

나무대방광불화엄경 南無大方廣佛華嚴經 (三說)

나무일심봉청 수경천층지보개 신괘백복지화만 도청혼어극락계중 인망령향벽
南無一心奉請 手擎千層之寶盖 身掛百福之華鬘 導清魂於極樂界中 引亡靈向碧

련대반 대성인로왕보살마하살 유원자비 강림도량 증명공덕 (三請)
蓮臺畔 大聖引路王菩薩摩訶薩 唯願慈悲 降臨道場 證明功德

**향화청** (三說)
香花請

**가영**(歌詠)
수인온덕용신희 염불간경업장소
修仁蘊德龍神喜 念佛看經業障消

여시성현내접인 정전고보상금교 고아일심귀명정례
如是聖賢來接引 庭前高步上金橋 故我一心歸命頂禮

**헌좌게** (獻座揭)
묘보리좌승장엄 제불좌이성정각 아금헌좌역여시 자타일시성불도
妙菩提座勝莊嚴 諸佛坐已成正覺 我今獻座亦如是 自他一時成佛道

**헌좌진언**
獻座眞言

옴 바아라 미나야 사바하 (三遍)

다게 (茶偈)

금장감로다　　今將甘露茶
봉헌증명전　　奉獻證明前
감찰건간심　　鑑察虔懇心

원수애납수　　願垂哀納受
원수애납수　　願垂哀納受
원수자비애납수　願垂慈悲哀納受

보공양진언　普供養眞言

옴 아아나 삼바바 바아라 흠 (三遍)

청사 (請詞)

일심봉청 시방법계 변만허공 유무사전 일체귀신 가리제모 초면귀왕 바라문선
一心奉請 十方法界 遍滿虛空 有無祀奠 一切鬼神 訶利帝母 焦面鬼王 波羅門仙

제아귀중 금일(야) 원아금차 지극지정성 ○○○○ 재 천혼재자 모처거주 모인복위
諸餓鬼衆 今日(夜) 願我今此 至極之精誠 齋 薦魂齋者 某處居住 某人伏爲

소천선 모인영가 도량내 삼도팔난 수고중생 수부산림 인간음계 비명악사 무
所薦先 某人靈駕 道場內 三途八難 受苦衆生 水府山林 人間陰界 非命惡死 無

주고혼등 원승불력 동강도량 금일(야)금시 수첨법식
主孤魂等 願承佛力 同降道場 今日(夜)今時 受沾法食

향연청 (三說)
香烟請

250

가영(歌詠)

삼혼묘묘귀하처　칠백망망거원향
三魂杳杳歸何處　七魄茫茫去遠鄉
금일진령신소청　원부명양대도량
今日振鈴伸召請　願赴冥陽大道場

보례삼보(普禮三寶)

보례시방상주불　보례시방상주법　보례시방상주승
普禮十方常住佛　普禮十方常住法　普禮十方常住僧

수위안좌(受位安座)

제불자등 각열위영가 상래 승불섭수 장법가지 기무수계이임연 원획소요이취
諸佛者等 各列位靈駕 上來 承佛攝受 仗法加持 旣無囚繫以臨筵 願獲逍遙而就

좌하유안좌지게 대중수언후화
座下有安座之偈 大眾受言後和

아금의교설화연 종종진수열좌전 대소의위차제좌 전심제청연금언
我今依教說華蓮 種種珍羞列座前 大小依位次第坐 專心諦聽演金言

수위안좌진언 受位安座眞言

옴 마니 군다니 훔훔 사바하 (三遍)

다게(茶偈)

백초임중일미신　조주상권기천인　팽장석정강심수
百草林中一味新　趙州常勸幾天人　烹將石鼎江心水

원사망령헐고륜　원사고혼헐고륜　원사제령헐고륜
願使亡靈歇苦輪　願使孤魂歇苦輪　願使諸靈歇苦輪

선밀가지
宣密加持

선밀게(宣密偈)

신전윤택　업화청량　각구해탈
身田潤澤　業火清凉　各求解脫

변식진언
變食眞言

나막 살바다타 아다 바로기제 옴 삼바라 삼바라 훔 (一七遍)

시감로수진언
施甘露水眞言

나무 소로바야 다타아다야 다냐타 옴 소로소로 바라소로 바라소로 사바하 (一七遍)

일자수륜관진언
一字水輪觀眞言

옴 밤 밤 밤밤 (一七遍)

유해진언
乳海眞言

나무 사만다 못다남 옴 밤 (一七遍)

칭양성호 (稱揚聖號)

나무 南無 다보여래 多寶如來
원제고혼 願諸孤魂
파제간탐 破除慳貪
법재구족 法財具足

나무 南無 묘색신여래 妙色身如來
원제고혼 願諸孤魂
이추루형 離醜陋形
상호원만 相好圓滿

나무 南無 광박신여래 廣博身如來
원제고혼 願諸孤魂
사육범신 捨六凡身
오허공신 悟虛空身

나무 南無 이포외여래 離怖畏如來
원제고혼 願諸孤魂
이제포외 離諸怖畏
득열반락 得涅槃樂

나무 南無 감로왕여래 甘露王如來
원아각각 願我各各
열명영가 列名靈駕
인후개통 咽喉開通
획감로미 獲甘露味

시식게 (施食偈)
원차가지식 願此加持食
보변만시방 普遍滿十方
식자제기갈 食者除飢渴
득생안양국 得生安養國

시귀식진언 施鬼食眞言
옴 미기미기 야야미기 사바하 (三遍)

시무차법식진언 施無遮法食眞言
옴 목역능 사바하 (三遍)

보공양진언 普供養眞言
옴 아아나 삼바바 바아라 훔 (三遍)

보회향진언
普回向眞言

옴 삼마라 삼마라 미만나 사라마하 자거라바 훔 (三遍)

권반게(勸飯偈)

수아차법식 受我此法食
하이아난찬 何異阿難饌
기장함포만 飢腸咸飽滿
업화돈청량 業火頓清凉

돈사탐진치 頓捨貪嗔癡
상귀불법승 常歸佛法僧
염념보리심 念念菩提心
처처안락국 處處安樂國

금강게(金剛偈)

범소유상 凡所有相
개시허망 皆是虛妄
약견제상비상 若見諸相非相
즉견여래 卽見如來

여래십호(如來十號)

여래 응공 정변지 명행족 선서 세간해 무상사 조어장부 천인사 불세존
如來 應供 正遍智 明行足 善逝 世間解 無上士 調御丈夫 天人師 佛世尊

법화게(法華偈)

제법종본래 諸法從本來
상자적멸상 常自寂滅相
불자행도이 佛子行道已
내세득작불 來世得作佛

제행무상　시생멸법　생멸멸이　적멸위락

諸行無常　是生滅法　生滅滅已　寂滅爲樂

■ 장엄염불(莊嚴念佛)

나무서방대교주 무량수여래불

南無西方大教主 無量壽如來佛

이차예찬불공덕 장엄법계제유정 임종실원왕서방 공도미타성불도

以此禮讚佛功德 莊嚴法界諸有情 臨終悉願往西方 共覩彌陀成佛道

광중화불무수억 화보살중역무변 사십팔원도중생 구품함령등피안

光中化佛無數億 化菩薩衆亦無邊 四十八願度衆生 九品含靈登彼岸

아미타불진금색 상호단엄무등륜 백호완전오수미 감목징청사대해

阿彌陀佛真金色 相好端嚴無等倫 白毫宛轉五須彌 紺目澄清四大海

「나무아미타불」

南無阿彌陀佛 （十念、或百八遍）

극락세계십종장엄(極樂世界十種莊嚴)

법장서원수인장엄 사십팔원원력장엄 미타명호수광장엄 삼대사관보상장엄

法藏誓願修因莊嚴 四十八願願力莊嚴 彌陀名號壽光莊嚴 三大士觀寶像莊嚴

미타국토안락장엄 보하청정덕수장엄 보전여의누각장엄 주야장원시분장엄

彌陀國土安樂莊嚴 寶河清淨德水莊嚴 寶殿如意樓閣莊嚴 晝夜長遠時分莊嚴

이십사락정토장엄 삼십종익공덕장엄

二十四樂淨土莊嚴 三十種益功德莊嚴

## 석가여래팔상성도 (釋迦)如來八相成道

도솔래의상　兜率來儀相

비람강생상　毘藍降生相

사문유관상　四門遊觀相

유성출가상　踰城出家相

설산수도상　雪山修道相

수하항마상　樹下降魔相

녹원전법상　鹿苑轉法相

쌍림열반상　雙林涅槃相

## 오종대은명심불망 (五種大恩銘心不忘)

사사공양단월지은　四事供養檀越之恩

각안기소국왕지은　各安其所國王之恩

생양구로부모지은　生養劬勞父母之恩

유통정법사장지은　流通正法師長之恩

탁마상성붕우지은　琢磨相成朋友之恩

당가위보유차염불　當可爲報唯此念佛

청산첩첩미타굴　靑山疊疊彌陀窟

창해망망적멸궁　滄海茫茫寂滅宮

물물염래무가애　物物拈來無罣碍

기간송정학두홍　幾看松亭鶴頭紅

극락당전만월용　極樂堂前滿月容

옥호금색조허공　玉毫金色照虛空

약인일념칭명호　若人一念稱名號

경각원성무량공　頃刻圓成無量功

삼계유여급정륜　三戒猶如汲井輪

백천만겁역미진　百千萬劫歷微塵

차신불향금생도　此身不向今生度

갱대하생도차신　更待何生度此身

천상천하무여불 天上天下無如佛
시방세계역무비 十方世界亦無比
세간소유아진견 世間所有我盡見
일체무유여불자 一切無有如佛者

찰진심념가수지 刹塵心念可數知
대해중수가음진 大海中水可飲盡
허공가량풍가계 虛空可量風可繫
무능진설불공덕 無能盡說佛功德

보화비진요망연 報化非眞了妄緣
법신청정광무변 法身淸淨廣無邊
천강유수천강월 千江有水千江月
만리무운만리천 萬里無雲萬里天

사대각리여몽중 四大各離如夢中
육진심식본래공 六塵心識本來空
욕식불조회광처 欲識佛祖回光處
일락서산월출동 一落西山月出東

산당정야좌무언 山堂靜夜坐無言
적적요요본자연 寂寂寥寥本自然
하사서풍동림야 何事西風動林野
일성한안여장천 一聲寒鴈唳長天

원각산중생일수 圓覺山中生一樹
개화천지미분전 開化天地未分前
비청비백역비흑 非靑非白亦非黑
부재춘풍부재천 不在春風不在天

천척사륜직하수 千尺絲綸直下垂
일파자동만파수 一波自動萬波隨
야정수한어불식 夜靜水寒魚不食
만선공재월명귀 滿船空載月明歸

십념왕생원 十念往生願
왕생극락원 往生極樂願
상품상생원 上品上生願
광도중생원 廣度衆生願

원공법계제중생 願共法界諸衆生
동입미타대원해 同入彌陀大願海
진미래제도중생 盡未來際度衆生
자타일시성불도 自他一時成佛道

나무서방정토 극락세계 삼십육만억 일십일만 구천오백 동명동호 대자대비 아
南無西方淨土 極樂世界 三十六萬億 一十一萬 九千五百 同名同號 大慈大悲 阿

미타불 나무서방정토 극락세계 불신장광 상호무변 금색광명 변조법계 사십팔원
彌陀佛 南無西方淨土 極樂世界 佛身長廣 相好無邊 金色光明 遍照法界 四十八願

도탈중생 불가설 불가설전 불가설 항하사 불찰미진수 도마죽위 무한극수 삼백
度脫衆生 不可說 不可說轉 不可說 恒河沙 佛刹微塵數 稻麻竹葦 無限極數 三百

육십만억 일십일만 구천오백 동명동호 대자대비 아등도사 금색여래 아미타불
六十萬億 一十一萬 九千五百 同名同號 大慈大悲 我等導師 金色如來 阿彌陀佛

나무문수보살
南無文殊菩薩

나무보현보살
南無普賢菩薩

나무관세음보살
南無觀世音菩薩

나무대세지보살
南無大勢至菩薩

나무금강장보살
南無金剛藏菩薩

나무제장애보살
南無除障碍菩薩

나무미륵보살
南無彌勒菩薩

나무지장보살
南無地藏菩薩

나무일체청정대해중보살마하살
南無一切清淨大海衆菩薩摩訶薩

원공법계제중생
願共法界諸衆生

동입미타대원해
同入彌陀大願海

발원게(發願偈)

시방삼세불
十方三世佛

아미타제일
阿彌陀第一

구품도중생
九品度衆生

위덕무궁극
威德無窮極

아금대귀의 我今大歸依 참회삼업죄 懺悔三業罪 범유제복선 凡有諸福善 지심용회향 至心用回向

원동염불인 願同念佛人 진생극락국 盡生極樂國 견불요생사 見佛了生死 여불도일체 如佛度一切

왕생게 (往生偈)

원아임욕명종시 願我臨欲命終時 진제일체제장애 盡除一切諸障碍 면견피불아미타 面見彼佛阿彌陀 즉득왕생안락찰 卽得往生安樂刹

공덕게 (功德偈)

원이차공덕 願以此功德 보급어일체 普及於一切 아등여중생 我等與衆生 당생극락국 當生極樂國

동견무량수 同見無量壽 개공성불도 皆空成佛道

以上 王供施食 終

봉송게(奉送偈)

봉송고혼계유정　지옥아귀급방생　아어타일건도량　불위본서환래부
奉送孤魂泊有情　地獄餓鬼及旁生　我於他日建道場　不違本誓還來赴

中壇華燭　次十王幡列立　引導唱云
중단화촉　차시왕번열립　인도창운

(與下位同送爲可　判首先立　次吹手　次引路幡　次五如來幡　次下壇華燭　次孤魂幡位牌及體錢　次)
(여하위동송위가　판수선립　차취수　차인로번　차오여래번　차하단화촉　차고혼번위패급체전　차)

시왕배송게(十王拜送偈)

「십전올올환본위　판관호종귀각점　동자서서차제행　사자상상행차도
十殿兀兀還本位　判官扈從歸各店　童子徐徐次第行　使者常常行次到

봉송명부례배간　전마소진풍취헐　소재증복수여해　영탈객진번뇌염」(三說)
奉送冥府禮拜間　錢馬燒盡風吹歇　消災增福壽如海　永脫客塵煩惱焰

(이순회이잡후　향법당립　법주운)
(而順回二匝後　向法堂立　法主云)

근백중위시왕　하위고혼등중　갱의건성　봉사삼보
謹白中位十王　下位孤魂等衆　更宜虔誠　奉辭三寶

보례삼보 (普禮三寶)

보례시방상주불　普禮十方常住佛

보례시방상주법　普禮十方常住法

보례시방상주승　普禮十方常住僧

행보게 (行步偈)

이행천리만허공　移行千里滿虛空

귀도정망도정방　歸道情忘到淨邦

삼업투성삼보례　三業投誠三寶禮

성범동회법왕궁　聖凡同會法王宮

산화락　散花落　(三說)

나무대성인로왕보살　南無大聖引路王菩薩　(三說)

법성게 (法性偈)

법성원융무이상　法性圓融無二相

제법부동본래적　諸法不動本來寂

무명무상절일체　無名無相絕一切

증지소지비여경　證智所知非餘境

진성심심극미묘　眞性甚深極微妙

불수자성수연성　不守自性隨緣成

일중일체다중일　一中一切多中一

일즉일체다즉일　一卽一切多卽一

일미진중함시방　一微塵中含十方

일체진중역여시　一切塵中亦如是

무량원겁즉일념　無量遠劫卽一念

일념즉시무량겁　一念卽是無量劫

구세십세호상즉 九世十世互相卽
잉불잡란격별성 仍不雜亂隔別成
초발심시변정각 初發心時便正覺
생사열반상공화 生死涅槃相共和

이사명연무분별 理事冥然無分別
십불보현대인경 十佛普賢大人境
능인해인삼매중 能仁海印三昧中
번출여의부사의 繁出如意不思議

우보익생만허공 雨寶益生滿虛空
중생수기득이익 衆生隨器得利益
시고행자환본제 是故行者還本際
파식망상필부득 叵息妄想必不得

무연선교착여의 無緣善巧捉如意
귀가수분득자량 歸家隨分得資糧
이다라니무진보 以陀羅尼無盡寶
장엄법계실보전 莊嚴法界實寶殿

궁좌실제중도상 窮坐實際中道床
구래부동명위불 舊來不動名爲佛

(소대에 이르러)

■ 봉송중위(奉送中位)

상래소청 제대성중 음부제왕 명관권속 불사홍자 이부청영 목사강림 수점공양
上來所請 諸大聖衆 陰府諸王 冥官眷屬 不捨弘慈 已赴請迎 沐賜降臨 受霑供養

요익아등 능사이원 금당봉송 유원자비 각환본위 아불유봉송다라니 근당선념
饒益我等 能事已圓 今當奉送 唯願慈悲 各還本位 我佛有奉送陀羅尼 謹當宣念

(시왕번화소지 봉송진언 소전진언 내지파산게후환향법당 창삼회향 견하삼배송규)
(十王幡華燒之 奉送眞言 燒錢眞言 乃至破散偈後還向法堂 唱三回向 見下三拜送規)

옴 바아라 사다 목차목 (三遍)

■ 봉송고혼(奉送孤魂)

금차 문외봉송재자 모처거주 소천 모인복위 모인영가등 각열위열명영가
今日 門外奉送齋者 某處居住 某人伏爲 所薦 某人靈駕等 各列位列名靈駕

상래 시식풍경 염불공덕 이망연야 불리망연야 이망연즉 천당불찰 임성소요
上來 施食諷經 念佛功德 離妄緣耶 不離妄緣耶 離妄緣則 天堂佛刹 任性逍遙

불리망연즉 차청산승 말후일게
不離妄緣則 且聽山僧 末後一偈

사대각리여몽중 육진심식본래공 욕식불조회광처 일락서산월출동
四大各離如夢中 六塵心識本來空 欲識佛祖回光處 日落西山月出東

풍송가지(諷誦加持)
염시방삼세 일체제불 제존보살마하살 마하반야바라밀
念十方三世 一切諸佛 諸尊菩薩摩訶薩 摩訶般若波羅蜜

왕생게(往生偈)
원왕생 원왕생 왕생극락견미타 획몽마정수기별
願往生 願往生 往生極樂見彌陀 獲蒙摩頂授記莂

원왕생 願往生

원왕생 願往生

원왕생 願往生　원재미타회중좌 願在彌陀會中坐　수집향화상공양 手執香花常供養

원왕생 願往生

원왕생 願往生　왕생화장연화계 往生華藏蓮花界　자타일시성불도 自他一時成佛道

상품상생진언 上品上生眞言

옴 마니다니 훔훔 바탁 사바하 (三遍)

봉송진언 奉送眞言

옴 바아라 사다 목차목 (三遍)

소전진언 燒錢眞言

옴 비로기제 사바하 (三遍)

처세간 여허공 여련화 불착수 심청청 초어피 계수례 무상존
處世間 如虛空 如蓮華 不著水 心清清 超於彼 稽首禮 無上尊

삼귀의 (三歸依)

귀의불 歸依佛　귀의법 歸依法　귀의승 歸依僧

귀의불양족존 歸依佛兩足尊　귀의법이욕존 歸依法離欲尊　귀의승중중존 歸依僧衆中尊

귀의불경 歸依佛竟　귀의법경 歸依法竟　귀의승경 歸依僧竟

선보운정 복유진중
善步雲程 伏惟珍重

보회향진언
普回向眞言

옴 삼마라 삼마라 미만나 사라마하 자거라바 훔 (三遍)

파산게 (破散偈)

화탕풍요천지괴 요요장재백운간 일성휘파금성벽 단향불전칠보산
火蕩風搖天地壞 寥寥長在白雲間 一聲揮破金城壁 但向佛前七寶山

삼회향례 (三回向禮)

나무 환희장마니보적불
南無 歡喜藏摩尼寶積佛

나무 원만장보살마하살
南無 圓滿藏菩薩摩訶薩

나무 회향장보살마하살
南無 回向藏菩薩摩訶薩

(상금시소용 왕공중 관음시식 불가불학고 금의전본 보입야)
(上今時所用 王供中 觀音施食 不可不學故 今依典本 補入也)

(항마진언 차주 칙대소상 소상복시 가용)
(降魔真言 此呪 則大小祥 燒喪服時 可用)

※ 항마진언은 상복을 태울 때 지송한다.

## 항마진언
降魔眞言

**아이금강삼등방편** 我以金剛三等方便
**신승금강반월풍륜** 身乘金剛半月風輪
**단상구방남자광명** 壇上口放喃字光明

**소여무명소적지신** 燒汝無明所積之身
**역칙천상공중지하** 亦勅天上空中地下
**소유일체작제장난** 所有一切作諸障難

**불선심자개래호궤** 不善心者皆來胡跪
**청아소설가지법음** 聽我所說加持法音
**사제포악패역지심** 捨諸暴惡悖逆之心

**어불법중함기신심** 於佛法中咸起信心
**옹호도량역호시주** 擁護道場亦護施主
**강복소재** 降福消災

**옴 소마니 소마니 훔 하리한나 하리한나 훔 하리한나 바나야훔 아나야혹 바
아밤 바아라 훔바탁** (三遍)

以上 各拜齋 終

● 각배〔各拜、一名 略禮王供文〕

■ 엄정의식〔嚴淨儀式〕

할향〔喝香〕

출자수미암반　상재해장용궁　경경분설금로내　상통불국여인간
出自須彌巖畔　常在海藏龍宮　耿耿焚爇金爐內　上通佛國與人間

연향게〔燃香偈〕

계정혜해지견향　변시방찰상분복　원차향연역여시　훈현자타오분신
戒定慧解知見香　遍十方刹常氛馥　願此香烟亦如是　熏現自他五分身

정례〔頂禮〕

일심정례　시방상주불
一心頂禮　十方常住佛

일심정례　시방상주법
一心頂禮　十方常住法

일심정례　시방상주승
一心頂禮　十方常住僧

합장게 (合掌偈)

합장이위화　신위공양구　성심진실상　찬탄향연부
合掌以爲花　身爲供養具　誠心眞實相　讚嘆香煙覆

고향게 (告香偈)

향연변부삼천계　정혜능개팔만문　유원삼보대자비　문차신향임법회
香烟遍覆三千界　定慧能開八萬門　唯願三寶大慈悲　聞此信香臨法會

개계 (開啓)

원부 범치법연 선사방우엄정 공의과교 전장가지 소이 수함청정지공 법유신통
原夫 凡峙法筵 先使方隅嚴淨 恭依科教 全仗加持 所以 水含清淨之功 法有神通

지용 장법비수 용수결심 쇄사법연 성우정토
之用 將法備水 用水潔心 灑斯法筵 成于淨土

정토결계진언
淨土結界眞言

옴 소로소로 훔 (三遍)

쇄향수게 (灑香水偈)

아금이성정지비수 화합성정지계향 변쇄법계 중생심지 급정도량 실령청정
我今以性情之悲水 和合性情之戒香 遍灑法界 衆生心地 及淨道場 悉令清淨

향수훈욕조제구 香水熏浴澡諸垢　법신구족오분향 法身具足五分香　반야원조해탈만 般若圓照解脫滿　군생동회법계융 群生同會法界融

쇄향수진언
灑香水眞言

나무 사만다 못다남 옴 호로호로 전나라 마등기 사바하 (三遍)

복청게(伏請偈)

복청대중 동음창화
伏請大衆　同音唱和

신묘장구대다라니
神妙章句大陀羅尼

신묘장구대다라니
神妙章句大陀羅尼

나모라 다나 다라 야야 나막 알야 바로기제 새바라야 모지 사다바야 마하
사다바야 마하 가로 니가야 옴 살바 바예수 다라나 가라야 다사명 나막 가
리다바 이맘 알야 바로기제 새바라 다바 니라간타 나막 하리나야 마발다 이
사미 살발타 사다남 수반 아예염 살바 보다남 바바말아 미수다감 다냐타 옴
아로계 아로가 마지로가 지가란제 혜혜하례 마하 모지 사다바 사마라 사마
라 하리나야 구로구로 갈마 사다야 사다야 도로도로 미연제 마하 미연제 다
라다라 다린나레 새바라 자라자라 마라 미마라 아마라 몰제 예혜혜 로계 새

바라 라아 미사미 나사야 나베 사미 사미 나사야 모하자라 미사미 나사야

호로호로 마라 호로 하례 바나마 나바 사라사라 시리시리 소로소로 못자못

자 모다야 모다야 메다리야 니라간타 가마사 날사남 바라 하리나야 마낙 사

바하 싣다야 사바하 마하 싣다야 새바라야 사바하 니라 간

타야 사바하 바라하 목카 싱하 목카야 사바하 바나마 하따야 자가라

욕다야 사바하 상카 섭나네 모다나야 사바하 마하라 구타 다라야 사바하 바

마 사간타 이사 시체다 가릿나 이나야 사바하 먀가라 잘마 이바 사나야 사

바하 「나모라 다나 다라 야야 나막 알야 바로기제 새바라야 사바하」 (三遍)

## 사방찬(四方讚)

일쇄동방결도량　이쇄남방득청량　삼쇄서방구정토　사쇄북방영안강
一灑東方潔道場　二灑南方得淸凉　三灑西方俱淨土　四灑北方永安康

## 엄정게(嚴淨偈)

도량청정무하예　삼보천룡강차지　아금지송묘진언　원사자비밀가호
道場淸淨無瑕穢　三寶天龍降此地　我今持誦妙眞言　願賜慈悲密加護

## 참회게(懺悔偈)

백겁적집죄 百劫積集罪　일념돈탕제 一念頓蕩除　여화분고초 如火焚枯草　멸진무유여 滅盡無有餘

참회진언 懺悔眞言

옴 살바 못자모지 사다야 사바하 (三遍)

참회개참회 懺悔皆懺悔　참회실참회 懺悔悉懺悔　참회영참회 懺悔永懺悔　참회개실영참회 懺悔皆悉永懺悔

참회대발원이 懺悔大發願已　종신귀명례삼보 終身歸命禮三寶

참회진언 懺悔眞言

옴 살바 못자모지 사다야 사바하 (三遍)

※ 참회진언 후 설법의식이 거행되며、설법 생략 시는 바로 정지진언(淨地眞言)을 거행한다。

■ 설법의식(說法儀式)　※ 연비 거량(擧揚) 후 說法可也 ⇨ p。306。

정지진언 淨地眞言

결정기세간 潔淨器世間　적광화장인 寂光華藏印　즉이정혜수 即以定慧水　관념이진법 觀念離塵法

옴 나유타 아다 살바 달마 (三遍)

정삼업진언
淨三業眞言

옴 사바바바 수다살바 달마 사바바바 수도함 (三遍)

개단진언
開壇眞言

옴 바아라 뇌로 다가다야 삼마야 바라베 사야 훔 (三遍)

건단진언
建壇眞言

옴 난다난다 나지나지 난다바리 사바하 (三遍)

정법계진언
淨法界眞言

나자색선백
羅字色鮮白

진언동법계
眞言同法界

공점이엄지
空點以嚴之

여피계명주
如彼髻明珠

치지어정상
置之於頂上

무량중죄제
無量衆罪除

일체촉예처
一切觸穢處

당가차자문
當可此字門

나무 사만다 못다남 남 (三遍)

■ 운수청(雲水請)

상단소(上壇疏)

(피봉식)
(皮封式)

소청문소 배헌시방삼보자존
召請文疏 拜獻十方三寶慈尊

석가여래 유교제자 봉행가지 병법사문 모 근봉
釋迦如來 遺敎弟子 奉行加持 秉法沙門 某 謹封

수설대회소
修設大會所

복문 법신무상 내즉상이구진 실상망언 장금언이전현 시이 삼지행만 오위수인
伏聞 法身無相 乃卽相以求眞 實相忘言 仗金言以詮顯 是以 三祇行滿 五位修因

응군기이월인천강 부신심이춘행만국 유기개응 무원부종 금유차일 즉유대단신
應群機而月印千江 赴信心而春行萬國 有祈皆應 無願不從 今有此日 卽有大檀信

모인복위 소천 모인영가 시이 근명 병법사리일원 급법사승일단 이금월금일
某人伏爲 所薦 某人靈駕 是以 謹命 秉法闍梨一員 及法事僧一壇 以今月今日

취어모사 건치천지명양 수륙도량 약일야(주) 양번발첩 결계건단 엄비향화등촉
就於某寺 建置天地冥陽 水陸道場 約一夜(晝) 揚幡發牒 結界建壇 嚴備香花燈燭

다과진식 공양지의 근지황도 소청 시방법계 과현미래 상주삼보 근구청량 영
茶菓珍食 供養之儀 謹持黃道 召請 十方法界 過現未來 常住三寶 謹具稱揚 迎

청우후 일심봉청 시방상주일체 불타야중 일심봉청 시방상주일체 달마야중 일
請于后 一心奉請 十方常住一切 佛陀耶眾 一心奉請 十方常住一切 達摩耶眾 一

심봉청 시방상주일체 승가야중 우복이 불은주비 불위유감지심 법력난사 능재
心奉請 十方常住一切 僧伽耶眾 右伏以 佛恩周庇 不違有感之心 法力難思 能濟

무변지중 복결각천금상 자광보조어범정 공계진령 위덕감통어차지 금수정공
無邊之眾 伏乞覺天金相 慈光普照於凡情 空界眞靈 威德感通於此地 今修淨供

망사애련 출정광림 화남근소
望賜哀憐 出定光臨 和南謹疏

불기 년 월 일 병법사문 근소
佛紀 年 月 日 秉法沙門 謹疏

거불(擧佛)、혹은 三身거불

나무 불타부중 광림법회
南無 佛陀部眾 光臨法會

나무 달마부중 광림법회
南無 達摩部眾 光臨法會

나무 승가부중 광림법회
南無 僧伽部眾 光臨法會

진령게(振鈴偈)

274

이차진령신소청
以此振鈴伸召請

시방불찰보문지
十方佛刹普聞知

원차영성변법계
願此鈴聲遍法界

무변불성함래집
無邊佛聖咸來集

보소청진언
普召請眞言

나무 보보제리 가리다리 다타 아다야 (三遍)

유치(由致)、혹은 삼보통청 유치

앙유삼보자존 법신담적 절시청이포함태허 보체원명 이방처이확주사계 분형천
仰唯三寶慈尊 法身湛寂 絕視聽而包含太虛 報體圓明 離方處而廓周沙界 分形千

억 수화만방 개비로광대지의문 조실제유심지보장 육도오행 십성삼현 포자운
億 垂化萬邦 開毘盧廣大之義門 照實際幽深之實藏 六度五行 十聖三賢 布慈雲

어삼천세계 쇄법우어팔만진로 유구개수 여공곡지전성 무원부종 약징담지인월
於三千世界 灑法雨於八萬塵勞 有求皆遂 如空谷之傳聲 無願不從 若澄潭之印月

시이 사바세계 남섬부주 운운 취어 모사 정쇄보계 이금월금일 건설정찬공양
是以 裟婆世界 南贍部洲 云云 就於 某寺 淨灑寶界 以今月今日 虔設淨饌供養

시방삼세 제망중중 무진삼보자존 훈근작법 앙기묘원자 우복이 설명향이예청
十方三世 帝網重重 無盡三寶慈尊 薰懃作法 仰祈妙援者 右伏以 爇茗香而禮請

정옥립이수재 재체수미 건성가민 복원 타심원감 혜안요관 운무연지대비 민유
呈玉粒而修齋 財體雖微 虔誠可愍 伏願 他心遠鑑 慧眼遙觀 運無緣之大悲 愍有

정지미간 잠사보계 약강향연 근운일심 공진삼청
情之微懇 暫辭寶界 略降香筵 謹運一心 恭陳三請

나무일심봉청 성천요확 각해왕양 법력난사 대비무애 청정법신 비로자나불 원
南無一心奉請 性天寥廓 覺海汪洋 法力難思 大悲無碍 清淨法身 毘盧遮那佛 圓

만보신 노사나불 천백억화신 석가모니불 극락교주 아미타불 당래교주 미륵존
滿報身 盧舍那佛 千百億化身 釋迦牟尼佛 極樂教主 阿彌陀佛 當來教主 彌勒尊

불 시방삼세 일체상주 진여불보 대방광불화엄경 대승돈교 대승시교
佛 十方三世 一切常住 眞如佛寶 大方廣佛華嚴經 大承頓教 大乘始教

대반야경 대승종교 묘법화경 염화미소 격외선전 시방삼세 일체상주 심심법보
大般若經 大乘終教 妙法華經 拈花微笑 格外禪詮 十方三世 一切常住 甚深法寶

대지문수보살 대행보현보살 대비관세음보살 대원본존지장보살 전불심등 가섭
大智文殊菩薩 大行普賢菩薩 大悲觀世音菩薩 大願本尊地藏菩薩 傳佛心燈 迦葉

존자 유통교해 아난존자 시방삼세 일체상주 청정승보 여시삼보 무량무변 일
尊者 流通教海 阿難尊者 十方三世 一切常住 清淨僧寶 如是三寶 無量無邊 一

일주변 일일진찰 원수자비 광림법회 공청증명 보동공양 (三請)
一周徧 一一塵刹 願垂慈悲 光臨法會 恭請證明 普同供養 (三請)

향화청 (三說)
香花請

가영(歌詠)

위광변조시방중
威光遍照十方中
월인천강일체동
月印千江一切同

사지원명제성사
四智圓明諸聖士
분림법회이군생
貴臨法會利群生
고아일심귀명정례
故我一心歸命頂禮

헌좌게 (獻座偈)

묘보리좌승장엄
妙菩提座勝莊嚴
제불좌이성정각
諸佛坐已成正覺
아금헌좌역여시
我今獻座亦如是
자타일시성불도
自他一時成佛道

헌좌진언
獻座眞言

옴 바아라 미나야 사바하 (三遍)

다게 (茶偈)

금장묘약급명다
今將妙藥及茗茶
봉헌시방삼보전
奉獻十方三寶前
감찰단나건간심
鑑察檀那虔懇心
원수애납수
願垂哀納受
원수애납수
願垂哀納受
원수자비애납수
願垂慈悲哀納受

보공양진언
普供養眞言

옴 아아나 삼바바 바아라 훔 (三遍)

□ 중단 소청(中壇召請) □

■ 소청중위(召請中位)

거불(擧佛)

나무 유명교주 지장보살
南無 幽冥教主 地藏菩薩

나무 조양진화 도명존자
南無 助揚眞化 道明尊者

나무 조불양화 무독귀왕
南無 助佛揚化 無毒鬼王

시왕소(十王疏)

소청문소 배헌명부시왕등중
召請文疏 拜獻冥府十王等衆

(피봉식)(皮封式)

석가여래 유교제자 봉행가지 병법사문 모 근봉
釋迦如來 遺教弟子 奉行加持 秉法沙門 甲 謹封

수설대회소
修設大會所

절이 지증영명 불처천궁이이물 비심홍광 상거지부이화생 이사생 여호사심이
切以 智增靈明 不處天宮而利物 悲心弘廣 常居地府而化生 以四生 如乎四心 以

시왕 여호십지 전전혹옥 민중생조업이래 안칙선동 녹함식수복이왕 감명선악
十王 如乎十地 殿前酷獄 愍衆生造業而來 案側善童 錄含識修福而往 鑑明善惡

충현무유 금유차일 사바세계 남섬부주 동양 대한민국 모산 모사 청정수월도
總現無遺 今有此日 裟婆世界 南贍部洲 東洋 大韓民國 某山 某寺 淸淨水月道

량 운운 금즉 도량엄판 제성강림 차요청어시왕 원내부어법회 나무 일심봉청
場 云云 今則 道場嚴辦 諸聖降臨 次邀請於十王 願來赴於法會 南無 一心奉請

유명교주 지장왕보살마하살 일심봉청 좌보처 도명존자 일심봉청 우보처 무독
幽冥教主 地藏王菩薩摩訶薩 一心奉請 左補處 道明尊者 一心奉請 右補處 無毒

귀왕 위수 일심봉청 제일진광대왕 일심봉청 제이초강대왕 일심봉청 제삼송제
鬼王 爲首 一心奉請 第一秦廣大王 一心奉請 第二初江大王 一心奉請 第三宋帝

대왕 일심봉청 제사오관대왕 일심봉청 제오염라대왕 일심봉청 제육변성대왕
大王 一心奉請 第四五官大王 一心奉請 第五閻羅大王 一心奉請 第六變成大王

일심봉청 제칠태산대왕 일심봉청 제팔평등대왕 일심봉청 제구도시대왕 일심
一心奉請 第七泰山大王 一心奉請 第八平等大王 一心奉請 第九都市大王 一心

봉청 제십오도전륜대왕 태산부군 오도대신 십팔옥주 이십사위판관 삼십육위
奉請 第十五道轉輪大王 泰山府君 五道大神 十八獄主 二十四位判官 三十六位

귀왕 삼원장군 이부동자 제위사자 우두마면 졸리아방 제위등중 시방법계지
鬼王 三元將軍 二府童子 諸位使者 牛頭馬面 卒吏阿旁 諸位等衆 十方法界地

옥도중 수고유정 시방법계 아귀도중 수고유정 시방법계 방생도중 수고유정

獄道中 受苦有情 十方法界 餓鬼道中 受苦有情 十方法界 傍生道中 受苦有情

각위등중 우복이 직거명전 위열유도 빙중생생선악지인 시중생승침지보 파퇴고

各位等衆 又伏以 職居冥殿 位列幽道 憑衆生善惡之因 是衆生昇沈之報 罷堆苦

초 잠도인간 부차석지정연 납금소지묘공 서유명체백 조수초승 원이왕망령

楚 暫到人間 赴此夕之淨筵 納今宵之妙供 庶幽冥滯魄 早遂超昇 願已往亡靈

함등피안 근소

咸登彼岸 謹疏

불기 년 월 일 병법사문 모 근소

佛紀 年 月 日 秉法沙門 某 謹疏

진령게(振鈴偈)

이차진령신소청 명부시왕보문지 원승삼보력가지 금일금시내부회

以此振鈴伸召請 冥府十王普聞知 願承三寶力加持 今日今時來赴會

보소청진언

普召請眞言

나무 보보제리 가리다리 다타 아다야 (三遍)

소청염마라왕진언

召請焰摩羅王眞言

옴 살바 염마라 사제비야 사바하 (三遍)

유치(由致)

절이 환희원중 응기대성 월인천강 유명계내 치죄열왕 성라십전 장금석 증침

切以 歡喜園中 應機大聖 月印千江 幽冥界內 治罪列王 星羅十殿 杖金錫 拯沈

윤이물탄 관옥류 판선악이무사 서원난사 위령가외 범욕투 거래지업망 월생사
淪而勿憚 冠玉瑠 判善惡而無私 誓願難思 威靈可畏 凡欲透 去來之業網 越生死

지미진 합진공양 시이 사바세계 모산 모사 청정수월도량 원아금차
之迷津 盡盡歸依 虔陳供養 是以 娑婆世界 某山 某寺 清淨水月道場 願我今次

지극지성 모인복위 모인영가 왕생정찰지원 취어 모사 이금월금일 건설법연
至極至誠 某人伏爲 某人靈駕 往生淨刹之願 就於 某寺 以今月今日 虔說法筵

정찬공양 남방화주 지장대성 위수 도명존자 무독귀왕 명부시왕 태산부군
淨饌供養 南方化主 地藏大聖 爲首 道明尊者 無毒鬼王 冥府十王 泰山府君

부지명위 제영재등 훈근작법 앙기묘원자 우복이 고해자항대교주 명천일월십
不知名位 諸靈宰等 薰懃作法 仰祈妙援者 右伏以 苦海慈航大敎主 明天日月十

오도대신 십팔옥왕 이십사안판관 삼십육위귀왕 삼원장군 이부동자 제위사자
五道大神 十八獄王 二十四案判官 三十六位鬼王 三元將軍 二簿童子 諸位使者

명왕 첨수연민지정 각방신통지력 광림법회 영화진방 앙표일심 선진삼청
冥王 僉垂憐愍之情 各放神通之力 光臨法會 永化塵邦 仰表一心 先陳三請

■ 약례청（略禮請）

증명청（證明請）

나무일심봉청 비증시적 고취유형 구육도지군생 만사홍지서원 대비대원 대성대
南無一心奉請 悲增示跡 苦趣留形 救六道之群生 滿四弘之誓願 大悲大願 大聖大

자 본존지장왕보살 좌우보처 도명무독 양대성중 유원자비 강림도량 수차공양

慈 本尊地藏王菩薩 左右補處 道明無毒 兩大聖衆 唯願慈悲 降臨道場 受此供養

향화청 (三說)

香花請

가영(歌詠)

장상명주일과한　자연수색변래단

掌上明珠一顆寒　自然隨色辨來端

기회제기친분부　암실아손향외간

幾回提起親分付　暗室兒孫向外看

고 아일심귀명정례

故我一心歸命頂禮

헌좌게(獻座偈)

묘보리좌승장엄　제불좌이성정각

妙菩提座勝莊嚴　諸佛坐已成正覺

아금헌좌역여시　자타일시성불도

我今獻座亦如是　自他一時成佛道

헌좌진언

獻座眞言

옴 바아라 미나야 사바하 (三遍)

다게(茶偈)

금장감로다　봉헌증명전　감찰건간심

今將甘露茶　奉獻證明前　鑑察虔懇心

원수애납수
願垂哀納受

원수애납수
願垂哀納受

원수자비애납수
願垂慈悲哀納受

보공양진언
普供養眞言

옴 아아나 삼바바 바라 훔 (三遍)

시왕도청(十王都請)

나무일심봉청 권형응적 실보수인 개내비보살자비 외현천신지위맹 외외이방편
南無一心奉請 勸形應跡 實報酬因 皆內秘菩薩慈悲 外現天神之威猛 巍巍而方便

난사 호호이신통막측 어제중생 찰교선악 명분고락 살활연촉 개실주재 대위
難思 浩浩而神通莫測 於諸衆生 察校善惡 明分苦樂 殺活延促 皆悉主宰 大威

덕주 금일당재주 제모대왕위수 불위본서 제일진광대왕 식본자심 제이초강대
德主 今日當齋主 第某大王爲首 不違本誓 第一秦廣大王 植本慈心 第二初江大

왕 수의왕생 제삼송제대왕 칭량업인 제사오관대왕 당득작불 제오염라대왕 단
王 隨意往生 第三宋帝大王 稱量業因 第四五官大王 當得作佛 第五閻羅大王 斷

분출옥 제육변성대왕 수록선안 제칠태산대왕 불착사호 제팔평등대왕 탄지
分出獄 第六變成大王 收錄善案 第七泰山大王 不錯絲毫 第八平等大王 彈指

멸화 제구도시대왕 권성불도 제십오도전륜대왕 직거총수 태산부군 결판무사
滅火 第九都市大王 勸成佛道 第十五道轉輪大王 職居總帥 泰山府君 決判無私

제위판관 위호분명 이구제왕 광도군미 제대귀왕 경순도통 오도대신 장군동자
諸位判官 位號分明 二九諸王 廣度羣迷 諸大鬼王 敬巡都統 五道大神 將軍童子

역조명왕 삼색종관 사직사자 우두마면 졸리제반 병종권속 유원승 삼보력
力助冥王 三色從官 四直使者 牛頭馬面 卒吏諸班 幷從眷屬 唯願承 三寶力

**강림도량 수차공양** (三請)
降臨道場 受此供養

**향화청** (三說)
香花請

**가영(歌詠)**

권형응적대보살 실보수인시성왕
權衡應跡大菩薩 實報酬因是聖王

위령신력하번문 관찰염부신전광 고아일심귀명정례
威靈神力何煩問 觀察閻浮迅電光 故我一心歸命頂禮

**보례삼보** (普禮三寶)

보례시방상주불 보례시방상주법 보례시방상주승
普禮十方常住佛 普禮十方常住法 普禮十方常住僧

284

헌좌게(獻座偈)

아금경설보엄좌　보헌일체명왕중　원멸진로망상심　속원해탈보리과
我今敬設寶嚴座　普獻一切冥王衆　願滅塵勞妄相心　速圓解脫菩提果

헌좌진언
獻座眞言

옴 가마라 승하 사바하 (三遍)

다게(茶偈)

청정명다약　능제병혼침　유기명왕중　원수애납수
清淨茗茶藥　能除病昏沈　惟冀冥王衆　願垂哀納受

원수애납수　원수애납수　원수자비애납수
願垂哀納受　願垂哀納受　願垂慈悲哀納受

보공양진언
普供養眞言

옴 아아나 삼바바 바라 훔 (三遍)

□ 상단권공(上壇勸供) □

욕건만나라선송 정법계진언　옴 남 (三七遍)
欲建曼拏羅先誦　淨法界眞言

공양게(供養偈) 或 다게[금장감로다　봉헌삼보전　감찰건간심　원수애납수]

공양시방삼세불
供養十方三世佛

원수애납수
願垂哀納受

용궁해장묘만법
龍宮海藏妙萬法

원수애납수
願垂哀納受

보살연각성문승
菩薩緣覺聲聞僧

원수자비애납수
願垂慈悲哀納受

기성가지(祈聖加持)

향수나열 재자건성 욕구공양지주원 수장가지지변화 앙유삼보 특사가지
香羞羅列 齋者虔誠 欲求供養之周圓 須仗加持之變化 仰唯三寶 特賜加持

「나무시방불 나무시방법 나무시방승」 (三遍)
南無十方佛　南無十方法　南無十方僧

무량위덕 자재광명 승묘력 변식진언
無量威德　自在光明　勝妙力　變食眞言

나막 살바다타 아다 바로기제 옴 삼바라 삼바라 훔 (三遍)

시감로수진언
施甘露水眞言

나무 소로바야 다타아다야 다냐타 옴 소로소로 바라소로 바라소로 사바하 (三遍)

일자수륜관진언
一字水輪觀眞言

옴 밤 밤 밤밤 (三遍)

유해진언
乳海眞言

나무 사만다 못다남 옴 밤 (三遍)

운심공양진언
運心供養眞言

운심게(運心偈)

원차향공변법계
願此香供徧法界
보공무진삼보해
普供無盡三寶海
자비수공증선근
慈悲受供增善根
영법주세보불은
令法住世報佛恩

가지게(加持偈)

나막 살바다타 아제 백미 새바 목케배약 살바다참 오나아제
바라해맘 옴 아아나참 사바하 (三遍)

원차향공변법계
願此香供徧法界
공양시방제불타
供養十方諸佛陀

원차등공변법계
願此燈供徧法界
공양시방제달마
供養十方諸達摩

공양시방제승가<br>
供養十方諸僧伽

원차향등다미공변법계<br>
願此香燈茶米供編法界

시작불사도중생<br>
施作佛事度眾生

불사자비수차공<br>
不捨慈悲受此供

보공양진언<br>
普供養眞言

옴 아아나 삼바바 바라 훔 (三遍)

보회향진언<br>
普回向眞言

옴 삼마라 삼마라 미만나 사라마하 자거라바 훔 (三遍)

나무대불정 여래밀인 수증요의 제보살만행 수능엄신주<br>
南無大佛頂 如來密因 修證了義 諸菩薩萬行 首楞嚴神呪

다냐타 옴 아나례 비사제 비라 바아라 다리 반다 반다니 바아라 바니반 호훔

다로옹박 사바하 (三遍)

대원성취진언<br>
大願成就眞言

옴 아모카 살바다라 사다야 시베 훔 (三遍)

보궐진언<br>
補闕眞言

옴 호로호로 사야목계 사바하 (三遍)

탄백(歎白)

찰진심념가수지　대해중수가음진　허공가량풍가계　무능진설불공덕
刹盡心念可數知　大海中水可飲盡　虛空可量風可繫　無能盡說佛功德

## 축원(祝願)

앙고
仰告

시방삼세　제망중중　무진삼보자존　불사자비　허수낭감　상래소수불공덕
十方三世　帝網重重　無盡三寶慈尊　不捨慈悲　許垂朗鑑　上來所修佛功德

회향삼처실원만
回向三處悉圓滿

시이　사바세계　남섬부주　동양　대한민국　모사　청정수월도량
是以　裟婆世界　南贍部洲　東洋　大韓民國　某寺　淸淨水月道場

원아금차　지극지정성
願我今此　至極之精誠

○○재　천혼재자　모처거주　모인복위　소천　모인영가　이차
齋　薦魂齋者　某處居住　某人伏爲　所薦　某人靈駕　以此

인연공덕　앙몽제불보살　애민섭수지묘력　다겁생래　소작지죄업　실개소멸　부답
因緣功德　仰蒙諸佛菩薩　哀愍攝受之妙力　多劫生來　所作之罪業　悉皆消滅　不踏

명로　초생극락　구품연대　상품상생　친견미타　마정수기　돈오무생　법인지대원
冥路　超生極樂　九品蓮臺　上品上生　親見彌陀　摩頂授記　頓悟無生　法忍之大願

억원　금차지극지정성　불공발원재자　각각등보체　앙몽삼보대성존　가호지묘력
抑願　今此至極至精誠　佛供發願齋者　各各等保體　仰蒙三寶大聖尊　加護之妙力

이차인연공덕　신무일체병고액난　심무일체탐연미혹　영위소멸　사대강건　육근청
以此因緣功德　身無一切病苦厄難　心無一切貪戀迷惑　永爲消滅　四大强健　六根淸

정　자손창성　수명장수　만사여의원만　성취지대원
淨　子孫昌盛　壽命長壽　萬事如意圓滿　成就之大願

참선자의단독로 參禪者疑團獨露

염불자삼매현전 念佛者三昧現前

간경자혜안통투 看經者慧眼通透

불사자불사성취 佛事者佛事成就

병고자즉득 病苦者卽得

쾌차 快差

단명자수명장원 短命者壽命長遠

무인연자속득인연 無因緣者速得因緣

학업자학업성취 學業者學業成就

각종시험자무난합격 各種試驗者無難合格

사업자사업성취 事業者事業成就

공업자안전조업 工業者安全操業

상업자재수대통 商業者財數大通

농업자오곡풍년 農業者五穀豊年

운전자안전 運轉者安全

운행 運行

승선자안전운항 乘船者安全運航

무직자취직성취 無職者就職成就

직장자진급성취 職場者進級成就

직무자수분성취 職務者隨分成就

각기 各其

경영지사업 만사여의원만 성취지대원
經營之事業 萬事如意圓滿 成就之大願

연후원 항사법계 然後願 恒沙法界

무량불자 동유화장장엄해 無量佛子 同遊華藏莊嚴海

동입보리대도량 同入菩提大道場

상봉화엄불보살 常逢華嚴佛菩薩

항몽제불대광명 恒蒙諸佛大光明

소멸무량중죄장 消滅無量衆罪障

획득무량대지혜 獲得無量大智慧

돈성무상최정각 頓成無上最正覺

광도법계제 廣度法界諸

중생 이보제불막대은 衆生 以報諸佛莫大恩

세세상행보살도 世世常行菩薩道

구경원성살바야 究竟圓成薩婆若

마하반야바라밀 摩訶般若波羅蜜

욕건만나라선송 정법계진언  옴 남 (二七遍)
欲建曼拏羅先誦 淨法界眞言

공양게(供養偈)

아금화출백천수　　각집향화등다과　　봉헌명간대회전
我今化出百千水　　各執香花燈茶果　　奉獻冥間大會前

원수애납수　　　　원수애납수　　　　원수자비애납수
願垂哀納受　　　　願垂哀納受　　　　願垂慈悲哀納受

가지변공(加持變供)

향수나열 재자건성 욕구공양지주원 수장가지지변화 앙유삼보 특사가지
香羞羅列 齋者虔誠 欲求供養之周圓 須仗加持之變化 仰唯三寶 特賜加持

「나무시방불　　나무시방법　　나무시방승」(三遍)
　南無十方佛　　南無十方法　　南無十方僧

무량위덕　자재광명　승묘력　변식진언
無量威德　自在光明　勝妙力　變食眞言

나막 살바다타 아다 바로기제 옴 삼바라 삼바라 훔 (二七遍)

시감로수진언
施甘露水眞言

나무 소로바야 다타아다야 다냐타 옴 소로소로 바라소로 바라소로 사바하 (二七遍)

일자수륜관진언
一字水輪觀眞言

옴 밤 밤 밤밤 (二七遍)

유해진언
乳海眞言

나무 사만다 못다남 옴 밤 (二七遍)

상래가지이흘
上來加持已訖

오공양(五供養)

공양장진 供養將進    이차향수 以此香需    특신배헌 特伸拜獻

향공양연향공양
香供養燃香供養

등공양연등공양
燈供養燃燈供養

다공양선다공양
茶供養仙茶供養

과공양선과공양
果供養仙果供養

화공양선화공양
花供養仙花供養

미공양향미공양
米供養香米供養

유원신장애강도량
唯願神將哀降道場

불사자비수차공양
不捨慈悲受此供養

운심게 (運心偈)

292

원차청정묘향찬
願此淸淨妙香饌

운심공양진언
運心供養眞言

공양지장여시왕　급여명사제권속　불사자비수차공
供養地藏與十王　及與冥司諸眷屬　不捨慈悲受此供

나막 살바다타 아제 백미 새바 목케배약 살바다캄 오나아
제 바라해맘 옴 아아나참 사바하 (三遍)

보공양진언
普供養眞言

옴 아아나 삼바바 바라 훔 (三遍)

보회향진언
普回向眞言

옴 삼마라 삼마라 미만나 사라마하 자거라바 훔 (三遍)

마하반야바라밀다심경
摩訶般若波羅蜜多心經

관자재보살 행심반야바라밀다시 조견오온개공 도일체고액 사리자 색불이공
觀自在菩薩 行深般若波羅蜜多時 照見五蘊皆空 度一切苦厄 舍利子 色不異空

공불이색 색즉시공 공즉시색 수상행식 역부여시 사리자 시제법공상 불생불멸
空不異色 色卽是空 空卽是色 受想行識 亦復如是 舍利子 是諸法空相 不生不滅

불구부정 부증불감 시고공중무색 무수상행식 무안이비설신의 무색성향미촉법
不垢不淨 不增不減 是故空中無色 無受想行識 無眼耳鼻舌身意 無色聲香味觸法

무안계 내지무의식계 무무명 역무무명진 내지무노사 역무노사진 무고집멸도
無眼界 乃至無意識界 無無明 亦無無明盡 乃至無老死 亦無老死盡 無苦集滅道

무지역무득 無智亦無得
이무소득고 以無所得故
보리살타 菩提薩埵
의반야바라밀다고 依般若波羅蜜多故
심무가애 心無罣礙
무가애고 無罣礙故
무유 無有
공포 恐怖
원리전도몽상 遠離顚倒夢想
구경열반 究竟涅槃
삼세제불 三世諸佛
의반야바라밀다고 依般若波羅蜜多故
득아뇩다라삼먁삼보 得阿耨多羅三藐三菩
리 提
고지반야바라밀다 故知般若波羅蜜多
시대신주 是大神呪
시대명주 是大明呪
시무상주 是無上呪
시무등등주 是無等等呪
능제일체고 能除一切苦
진실불허 眞實不虛
고설반야바라밀다주 故說般若波羅蜜多呪
즉설주왈 卽說呪曰

「아제아제 바라아제 바라승아제 모지 사바하」(三遍)

금강반야바라밀경찬 金剛般若波羅蜜經讚

여시아문 如是我聞
선남자선여인 善男子善女人
수지독송 受持讀誦
차경찬일권 此經讚一卷
여전금강경 如轉金剛經
삼십만편 三十萬遍
우득신명 又得神明

가호 加護
중성제휴 衆聖提攜
국건대력칠년 國建大曆七年
비산현령 毘山縣令
유씨여자 劉氏女子
연일십구세 年一十九歲
신망지칠일 身亡至七日
득견 得見

염라대왕 閻羅大王
문왈 問曰
일생이래 一生已來
작하인연 作何因緣
여자답왈 女子答曰
일생이래 一生已來
편지득금강경 偏持得金剛經
우문왈 又問曰

하불념금강경찬 何不念金剛經讚
여자답왈 女子答曰
연세상무본 緣世上無本
왕왈 王曰
방여환활 放汝還活
분명기취 分明記取
경문 經聞
종여시아 從如是我

문 聞

지신수봉행 도계오천일백사십구자 육십구불 오십일세존팔십오여래 삼십칠
至信受奉行　都計五千一百四十九字　六十九佛　五十一世尊八十五如來　三十七

보살 일백삼십팔수보리 이십육선남자선여인 삼십팔하이고 삼십육중생 삼십일
菩薩　一百三十八須菩提　二十六善男子善女人　三十八何以故　三十六衆生　三十一

어의운하 삼십여시 이십구아뇩다라삼먁삼보리 이십일보시 십팔복덕 일십삼항
於意云何　三十如是　二十九阿耨多羅三藐三菩提　二十一布施　十八福德　一十三恒

하사 십이미진 칠개삼천대천세계 칠개삼십이상 팔공덕 팔장엄 오바라밀 사수
河沙　十二微塵　七箇三千大千世界　七箇三十二相　八功德　八莊嚴　五波羅蜜　四須

다원 사사다함 사아나함 사아라한 차시사과선인 여아석위가리왕 할절신체여
陀洹　四斯陀含　四阿那含　四阿羅漢　此是四果僊人　如我昔爲歌利王　割截身體如

아왕석 절절지해시 약유아상인상중생상수자상 일일무아견인견중생견수자견
我往昔　節節支解時　若有我相人相衆生相壽者相　一一無我見人見衆生見壽者見

삼비구니수내 칠사구게 「마하반야바라밀」 (三說)
三比丘尼數內　七四句偈　摩訶般若波羅蜜

반야무진장진언
般若無盡藏眞言

나모 바가바제 바리야 바라미다예 다냐타 옴 하리다리

새리수로지 삼미리지 빌사예 사바하 (三遍)

금강심진언
金剛心眞言

옴 오륜이 사바하 (三遍)

불설소재길상다라니
佛說消災吉祥陀羅尼

나무 사만다 못다남 아바라지 하다사 사나남 다냐타 옴 카카 카혜 카혜 훔훔

아바라 아바라 바라아바라 바라아바라 지따 지따 지리 지리 빠다 빠다 선지

가 시리예 사바하 (三遍)

대원성취진언
大願成就眞言

옴 아모카 살바다라 사다야 시베 훔 (三遍)

보궐진언
補闕眞言

옴 호로호로 사야목계 사바하 (三遍)

탄백(歎白)

지장대성위신력
地藏大聖威神力

항하사겁설난진
恒河沙劫說難盡

견문첨례일념간
見聞瞻禮一念間

이익인천무량사
利益人天無量事

원아게(願我偈)

원아금일 지극지성 설판예배 천혼재자 모처거주 모인등복위 소천망 모인영가
願我今日 至極至誠 設辦禮拜 薦魂齋者 某處居住 某人等伏爲 所薦亡 某人靈駕

장차공양 인연공덕 왕생정토 친견미타 몽불수기 돈성정각지원 역원 상서선망
仗此供養 因緣功德 往生淨土 親見彌陀 蒙佛授記 頓成正覺之願 亦願 上逝先亡

화청(和請)

지심걸청 중생도진 당증보리 지옥미제 서불성불 대비대원 대성대자 본존지장
至心乞請 衆生度盡 當證菩提 地獄未濟 誓不成佛 大悲大願 大聖大慈 本尊地藏

보살 금일영가 애민부호 속리고해 당생정찰
菩薩 今日靈駕 哀憫扶護 速離苦海 當生淨刹

지심걸청 입대서원 도명존자 발홍서원 무독귀왕 즉이본원 흥대비심 금일영가
至心乞請 立大誓願 道明尊者 發弘誓願 無毒鬼王 卽以本願 興大悲心 今日靈駕

애민부호 속리고해 생어정찰
哀憫扶護 速離苦海 生於淨刹

지심걸청 금일당재 제모대왕 안열종관 병종권속 원아금일 모인영가 애민부호
至心乞請 今日當齋 第某大王 案列從官 并從眷屬 願我今日 某人靈駕 哀憫扶護

속리고해 당생정찰
速離苦海 當生淨刹

지심걸청 제일진광대왕 제이초강대왕 제삼송제대왕 제사오관대왕 제오염라대
至心乞請 第一秦廣大王 第二初江大王 第三宋帝大王 第四五官大王 第五閻羅大

왕 제육변성대왕 제칠태산대왕 제팔평등대왕 제구도시대왕 제십오도전륜대왕
王 第六變成大王 第七泰山大王 第八平等大王 第九都市大王 第十五道轉輪大王

전 모인영가 애민부호 속리고해 당생정찰
前 願我今日 某人靈駕 哀愍扶護 速離苦海 當生淨刹

지심걸청 직거총수 필보염라 장백국지존권 영삼사지중병 분부별화 태산부군
至心乞請 職居總帥 弼補閻羅 掌百局之尊權 領三司之重柄 分付別化 泰山府君

판관귀왕 장군동자 제위사자 부지명위 제영재등 원아금일 모인영가 애민부호
判官鬼王 將軍童子 諸位使者 不知名位 諸靈宰等 願我今日 某人靈駕 哀愍扶護

속리고해 당생정찰
速離苦海 當生淨刹

지심걸청 남방교화 접인중생 「지장보살」 (百八遍千遍云)
至心乞請 南方教化 接引衆生 地藏菩薩

지장보살멸정업진언
地藏菩薩滅定業眞言

옴 바라 마니 다니 사바하 (三遍)

탄백(歎白)
막언지장득한유 지옥문전누불수 조악인다수선소 남방교화기시휴
莫言地藏得閑遊 地獄門前淚不收 造惡人多修善少 南方教化幾時休

축원(祝願)
앙고 유명교주지장보살 좌우보처 명부시왕 안열종관 제령재등 불사자비 애민
仰告 幽冥教主地藏菩薩 左右補處 冥府十王 案列從官 諸靈宰等 不捨慈悲 哀愍

섭수
금일설판재자 모인복위 모인영가 영가위주 역위법사계사 현고현비 다생
攝受
今日設辦齋者 某人伏爲 某人靈駕 靈駕爲主 亦爲法師戒師 顯考顯妣 多生

사장 누세종친 일체권속 열명영가 이차승연 속리삼계 동생구련 견불문법 속
師長 累世宗親 一切眷屬 列名靈駕 以此勝緣 速離三界 同生九蓮 見佛聞法 速

성불과지대원 억원 재자모인등 돈단음노치 근수계정혜 사사시주증복수 법계
成佛果之大願 抑願 齋者某人等 頓斷婬怒癡 勤修戒定慧 四事施主增福壽 法界

함령등피안 마하반야바라밀
含靈登彼岸 摩訶般若波羅蜜

지장대성서원력 항사중생출고해 십전조율지옥공 업진중생방인간
地藏大聖誓願力 恒沙衆生出苦海 十殿調律地獄空 業盡衆生放人間

원왕생 원왕생 금일각각 열명영가 원왕생 성정각
願往生 願往生 今日各各 列名靈駕 願往生 成正覺

액소제 액소제 금일각각재자 보체 액소제 수명장
厄消除 厄消除 今日各各齋者保體 厄消除 壽命長

以上 各拜齋—略禮王供請 終

※약례왕공청을 마친 후 시식과 회향의 식을 거행한다. 의식문은 대례청과 동일하다.

왕공시식 ⇨ p. 二四四。 ~회향·봉송 ⇨ p. 二六〇。

# ● 화엄시식 (華嚴施食)

## 거불(擧佛)

나무 아미타불 南無阿彌陀佛

나무 관세음보살 南無觀世音菩薩

나무 대세지보살 南無大勢至菩薩

## 착어(着語)

불신충만어법계 佛身充滿於法界

보현일체중생전 普現一切衆生前

수연부감미부주 隨緣赴感靡不周

이항처차보리좌 而恒處此菩提座

## 창혼(唱魂)

거 據 사바세계 娑婆世界 남섬부주 南贍部洲 동양 東洋 대한민국 大韓民國 모산하 某山下 모사 某寺 청정수월도량 淸淨水月道場 금차 今此 지극지 至極至

정성 精誠 ○○재 ○○齋 천혼재자 薦魂齋者 모처거주 某處居住 모인복위 某人伏爲 소천 所薦 모인영가 某人靈駕

상래 영청재자 시회대중 각각등복위 각 상세선망 사존부모 원근친척 누대종
上來 迎請齋者 時會大衆 各各等伏爲 各 上世先亡 師尊夫母 遠近親戚 累代宗

친 제형숙백 자매질손 일체무진제불자등 각렬위렬명영가 차도량내외 동상동
親 弟兄叔伯 姉妹姪孫 一切無盡諸佛子等 各列位列名靈駕 此道場內外 洞上洞

하 유주무주 운집고혼 제불자등 각렬위렬명영가
下 有主無主 雲集孤魂 諸佛子等 各列位列名靈駕

차사 최초창건이래 지어중건중수 조불조탑 불량등촉 내지 불전내외 일용범제
此寺 最初創建以來 至於重建重修 造佛造塔 佛糧燈燭 乃至 佛前內外 日用凡諸

집물 유공덕주 화주시주 도감별좌 조연양공 사사시주등 각렬위렬명영가 차오
什物 有功德主 化主施主 都監別坐 助緣良工 四事施主等 各列位列名靈駕 此五

대양육대주 위국절사 충의장졸 기한동뇌 구종횡사 형헌이종 산난이사 일체애
大洋六大洲 爲國節使 忠義將卒 飢寒凍餒 九種橫死 刑憲而終 産難而死 一切哀

혼등중 내지 철위산간 오무간옥 일일일야 만사만생 수고함령등중 각렬명영가
魂等衆 乃至 鐵圍山間 五無間獄 一日一夜 萬死萬生 受苦含靈等衆 各列名靈駕

겸급법계 사생칠취 삼도팔난 사은삼유 일체유식 함령등중 각렬위렬명영가
兼及法界 四生七趣 三途八難 四恩三有 一切有識 含靈等衆 各列位列名靈駕

승불신력 내예향단 동점법공 증오무생
承佛神力 來詣香壇 同霑法供 證悟無生

보방광명향장엄
普放光明香莊嚴

종종묘향집위장
種種妙香集爲帳

보산시방제국토
普散十方諸國土

공양일체대덕존
供養一切大德尊

우방광명다장엄
又放光明茶莊嚴

종종묘다집위장
種種妙茶集爲帳

보산시방제국토
普散十方諸國土

공양일체영가중
供養一切靈駕衆

우방광명미장엄
又放光明米莊嚴

종종묘미집위장
種種妙米集爲帳

보산시방제국토
普散十方諸國土

공양일체고혼중
供養一切孤魂衆

우방광명법자재
又放光明法自在

차광능각일체중
此光能覺一切衆

영득무진다라니
令得無盡陀羅尼

실지일체제불법
悉持一切諸佛法

법력난사의
法力難思議

대비무장애
大悲無障碍

입립변시방
粒粒遍十方

보시주법계
普施周法界

금이소수복
今以所修福

보첨어귀취
普沾於鬼趣

식이면극고
食已免極苦

사신생락처
捨身生樂處

선밀가지
宣密加持

신전윤택
身田潤澤

업화청량
業火清凉

각구해탈
各求解脫

변식진언
變食眞言

운운
云云

※이어서 관음시식 변식진언부터 장엄염불 ⇨ p。一三七 ~ p。一四五。

# ◉ 설주이운(說主移運)

## 강생게(降生偈)

자강왕궁시본연 **주행칠보우중선** 지천지지무인회 독진뇌음변대천
纔降王宮示本緣 周行七步又重宣 指天指地無人會 獨振雷音徧大千

## 입산게(入山偈)

세존당입설산중 **일좌부지경육년** 인견명성운오도 언전소식변삼천
世尊當入雪山中 一坐不知經六年 因見明星云悟道 言詮消息徧三千

## 법신게(法身偈)

법신변만백억계 **보방금색조인천** 응물현형담저월 체원정좌보련대
法身遍滿百億界 普放金色照人天 應物現形潭底月 體圓正坐寶蓮臺

## 헌좌게(獻座偈)

아금경설보엄좌 **봉헌제대법사전** 원멸진로망상심 속원해탈보리과
我今敬設寶嚴座 奉獻諸大法師前 願滅塵勞妄想心 速圓解脫菩提果

## 헌좌진언
獻座眞言

옴 가마라 승하 사바하 (三遍)

**다게** (茶偈)

금장감로다　봉헌법사전　감찰건간심
今將甘露茶　奉獻法師前　鑑察虔懇心

원수애납수　원수애납수　원수자비애납수
願垂哀納受　願垂哀納受　願垂慈悲哀納受

**출산게** (出山偈)

외외낙낙정나나　독보건곤수반아　약야산중봉자기　기장황엽하산하
鬼鬼落落淨裸裸　獨步乾坤誰伴我　若也山中逢子期　豈將黃葉下山下

**염화게** (拈華偈)

영축염화시상기　긍동부목접맹귀　음광불시미미소　무한청풍부여수
靈鷲拈華示上機　肯同浮木接盲龜　飮光不是微微笑　無限淸風付與誰

**산화락** (三說)
散花落

**거령산** (擧靈山)

(거령산　요잡　서서운보　입정문　삼잡　법중　각취위　인도　견기지악　등상게)
(擧靈山　繞匝　徐徐運步　入正門　三匝　法衆　各就位　引導　見機止樂　登床偈)

나무 영산회상 불보살 (三說)
南無 靈山會上 佛菩薩

※ 거령산(擧靈山)를 짓소리로 거행할 경우 세 번째는 다음과 같이 하여 창화한다.

(나무 영산회상 일체제불제대보살마하살)
(南無 靈山會上 一切諸佛諸大菩薩摩訶薩)

등상게(登床偈)

사자좌고광　　인중사자등　　정명신력재　　방장기다승
獅子座高廣　　人中獅子登　　淨名神力在　　方丈幾多昇

좌불게(坐佛偈)

세존좌도량　　청정대광명　　비여천일출　　조요대천계
世尊坐道場　　清淨大光明　　比如千日出　　照曜大千界

以上 說主移運 終

305 설주이운

# ◉ 설법의식(說法儀式)

## 정대게(頂戴偈)

제목미창경검수 비양일구절도산 운심소진천생업 하황염래정대인

題目未唱傾劍樹 非揚一句折刀山 運心消盡千生業 何況拈來頂戴人

## 개경게(開經偈)

무상심심미묘법 백천만겁난조우 아금문견득수지 원해여래진실의

無上甚深微妙法 百千萬劫難遭遇 我今聞見得受持 願解如來眞實義

## 개법장진언 開法藏眞言

옴 아라남 아라다 (三遍)

## 십념(十念)

청정법신비로자나불 淸淨法身毘盧遮那佛

원만보신노사나불 圓滿報身盧舍那佛

천백억화신석가모니불 千百億化身釋迦牟尼佛

구품도사아미타불 九品導師阿彌陀佛

당래하생미륵존불 當來下生彌勒尊佛

시방삼세일체제불 十方三世一切諸佛

시방삼세일체존법 十方三世一切尊法

대지문수사리보살 大智文殊師利菩薩

대행보현보살 大行普賢菩薩

※약례 시 십념(十念)을 마친 후 거량(擧揚)을 생략하고 바로 청법게(請法偈)를 거행한다.

마하반야바라밀 摩訶般若波羅蜜

거량(擧揚)

거 사바세계 남섬부주 동양 대한민국 모처 모산하 모사 청정수월도량
據 裟婆世界 南贍部洲 東洋 大韓民國 某處 某山下 某寺 清淨水月道場

원 아금차 지극지성 ○○재시 청법재자 모처거주 모인복위 모인영가 재당○○재
願 我今此 至極至誠 ○○齋時 請法齋者 某處居住 某人伏爲 某人靈駕 齋堂○○齋

지신 모인영가복위 위주 상세선망부모 다생사장 누세종친 제형숙백 자매질손
至信 某人靈駕伏爲 僞主 上世先亡父母 多生師長 累世宗親 弟兄叔伯 姊妹姪孫

일체친속등 각열위열명영가 내지 철위산간 오무간지옥 일일일야 만사만생 만
一切親屬等 各列位列名靈駕 乃至 鐵圍山間 五無間地獄 一日一夜 萬死萬生 萬

반고통 수고함령등중 각열위영가 차도량내외 동상동하 일체유주무주고혼 제
般苦痛 受苦含靈等衆 各列位靈駕 此道場內外 洞上洞下 一切有主無主孤魂 諸

불자등 각각열위열명영가
佛者等 各各列位列名靈駕

착어(着語)

아유일권경 불인지묵성 전개무일자 상방대광명 영가 환회득 차일권경마 (양구)
我有一卷經 不因紙墨成 展開無一字 常放大光明 靈駕 還會得 此一卷經摩 (良久)

여미회득 위여선양 대승경전 지심제청 지심제수
如未會得 爲汝宣揚 大乘經典 至心諦聽 至心諦受

금일 소천 모인영가등 제불자 각열위열명영가
今日 所薦 某人靈駕等 諸佛子 各列位列名靈駕

수위안좌진언
受位安座眞言

옴 마니 군다니 훔훔 사바하 (三遍)

청법게(請法偈)

차경심심의
此經甚深意

대중심갈앙 유원대법사 광위중생설
大衆心渴仰 唯願大法師 廣爲中生說

설법게(說法偈)

위여선양승회의
爲汝宣揚勝會儀

아난창설위신기 약비양무중진설 귀취하연득편의
阿難創設爲神飢 若非梁武重陳設 鬼趣何緣得便宜

※ 설 법

나무서방대교주 南無西方大教主 무량수여래불 無量壽如來佛 「나무아미타불」 「南無阿彌陀佛」 (十念)

원공법계제중생 願共法界諸衆生 동입미타대원해 同入彌陀大願海 진미래제도중생 盡未來際度衆生 자타일시성불도 自他一時成佛道

원이차공덕 보급어일체 願以此功德 普及於一切 아등여중생 我等與衆生 당생극락국 當生極樂國 동견무량수 同見無量壽 개공성불도 皆共成佛道

보궐진언 補闕眞言

옴 호로호로 사야 몰케 사바하 (三遍)

문경개오의초연 聞經開悟意超然 연처분명중구선 演處分明衆口宣 취사유래원부동 取捨由來元不動 방지월락불리천 方知月落不離天

수경게 (收經偈)

대자대비민중생 大慈大悲愍衆生 대희대사제함식 大喜大捨濟含識 상호광명이자엄 相好光明以自嚴 중등지심귀명례 衆等至心歸命禮

사무량게 (四無量偈)

시방진귀명 十方盡歸命 멸죄생정신 滅罪生淨信 원생화장계 願生華藏界 극락정토중 極樂淨土中

귀명게 (歸命偈)

- 以上 說法儀式 終 -

**해사海沙(韓貞美)**

동국대학교 문화예술대학원에서 한국음악학 석사, 동방문화대학원대학교에서
불교문예학 박사학위를 받았으며, 국가무형문화재 제50호 영산재 이수자이다.
동방불교대학 범패학과 교수, 옥천범음대학 교수, 동방문화대학원대학교 평생교
육원 강사, 동방문화대학원대학교 불교문예연구소 연구원을 역임하였으며, 현재
동국대학교(경주) 불교문화대학 강사, (사)한국불교금강선원 부설 한국문화예술
대학 교수로 있다.
저서로『예수재의범』,『불상점안의식 연구』,『點眼儀式集』이 있고, 주요 논문으로
「불교의식의 作法舞 연구」,「佛像點眼儀式에 관한 硏究」,「佛象點眼時 點筆에 나
타난 思想과 意義 고찰」,「佛敎儀禮舞의 淵源과 甘露幀畵에 나타난 作法舞 고찰」,
「범음성梵音聲에 관한 고찰-경전을 중심으로-」,「『석문의범』의 삼동결제에 나타
난 의례종류와 특징」,「복장의식腹藏儀式의 작법절차에 관한 연구」,「한국불교 동
발銅鈸전래와 바라무 전개」외 다수가 있다.

# 영산재 · 각배재의범

**초판 1쇄 인쇄** 2023년 5월 11일 | **초판 1쇄 발행** 2023년 5월 20일
**편찬** 해사 | **펴낸이** 김시열
**펴낸곳** 도서출판 운주사
 (02832) 서울시 성북구 동소문로 67-1 성심빌딩 3층
 전화 (02) 926-8361 | 팩스 0505-115-8361
ISBN 978-89-5746-735-0 93220   값 25,000원
http://cafe.daum.net/unjubooks 〈다음카페: 도서출판 운주사〉